BIBLIOTHÈQUE CHRÉTIENNE MORALE

VOYAGE EN ORIENT,

PAR

M. L'ABBÉ H.

Docteur en Théologie.

LIMOGES.
BARBOU FRÈRES, ÉDITEURS.

BIBLIOTHÈQUE
CHRÉTIENNE ET MORALE,

APPROUVÉE

PAR MONSEIGNEUR L'ÉVÊQUE DE LIMOGES.

Tout exemplaire qui ne sera pas revêtu de notre griffe sera réputé contrefait et poursuivi conformément aux lois.

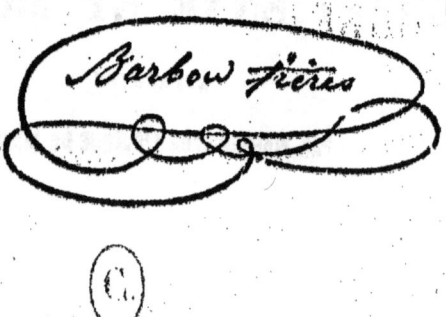

LIBRAIRIE DE BARBOU FRÈRES DE LIMOGES.

BIBLIOTHÈQUE
CHRÉTIENNE ET MORALE,
PUBLIÉE
AVEC APPROBATION DE MONSEIGNEUR L'ÉVÊQUE DE LIMOGES;

REVUE
PAR UNE SOCIÉTÉ D'ECCLÉSIASTIQUES.

FORMAT IN-8°. — Superbes volumes de 400 pages,
Ornés de belles Gravures.

Chefs-d'œuvre de Jean et Louis Racine.
Dialogues sur l'Éloquence, par Fénélon.
Hist. du duc de Villars, d'après Anquetil.
Histoire de Pierre d'Aubusson-Lafeuillade, grand-maître de Rhodes, par B***.
Histoire de la Religion et des Papes, par l'abbé Hunkler, docteur en théologie.
Histoire de S. Thomas Becket, archevêque de Cantorbéry, par l'abbé Robert.
Le comte Paoli, par L. de Bellesrives.
Le Catholicisme considéré dans ses Vérités Fondamentales, par l'abbé Robert.
Lettres de Pline le Jeune, par M. de Sacy.

Rome 1848-49-50, Correspondance d'un officier français, pub. par Boulangé, av.
Rose rouge et Rose blanche, d'après le P. d'Orléans.
Saint Augustin, par Amand Bléchy.
Saint Louis, ou la France au XIII. siècle par A. Bléchy, prof. de philosophie.
Splendeurs et Désastres, par A. Driou.
Suger, par Alfred de Saint-Méry.
Tableau du siècle de Léon X, par Bléchy.
Traité d'Archéologie, par A. Bléchy.
Un Épisode de Bagne, par de Masvergne.
Voyage à Londres, par l'abbé Robert.

FORMAT IN-12. — 1re série.
Chaque volume est orné de 4 jolies gravures sur acier.

Abrégé du Voyage de Levaillant dans l'intérieur de l'Afrique, par A. Igonette.
Alfred et Charles, par Victor Doublet.
Ange (l') des Prisons, par de Bellesrives.
Angéline, par M. Berger.
Atonnio, par mad. Nanine Souvestre.
Cid (le) Compeador, par A. de S.-Fargeau.
Conquête du Tombeau de Jésus-Christ, Épisode des Croisades, par Hunkler.
Constantin le Grand et son règne.

Croix (la) sur la Baltique, par A. Bléchy.
Dianora, par J.-B. Berger.
Diégo Ramire, par Victor Doublet.
Empire (l') de la Foi, par l'abbé H.
Estelle, ou la Vierge des Alpes, p. Doublet.
Ezilda, ou la Zingara, par V. Doublet.
Ferdinand II, emp. d'Autriche, p. Hunkler
Flavien et les Fils de Marcomir, épisode du IV. et V. siècles, par J.-B. Berger.
Histoire de Marie Stuart, par mad. B.

Histoire des chevaliers de Malte, par D.
Histoire des découvertes et conquêtes de l'Amérique, par M. l'abbé L.
Histoires morales, traduites de l'allemand.
Histoires morales et édifiantes, par madame Joséphine Junot-d'Abrantès, 2 vol.
Isabelle de Saint-Georges, par Doublet.
Javanais (les), par Cordelier-Delanoue.
Julia, ou la Captive de Dastagerd.
Karl, ou le Guide montagnard.
Marie d'Aléxzio, par M. A. Biéchy.

Marie, ou Remords et Vengeances.
Mattéo, par M. Victor Doublet.
Orléans, ou la France au XV. siècle, mau historique, par Jules Foussette.
Presbytère (le) de Saint-Gilles, par M. A. Mueg.
Prince (le) de Viane, par M. A. Mueg.
Rodolphe de Habsbourg, par Hunkler
Siége (le) de Jérusalem par Titus, d'après Flavien Josèphe, par A. Biéchy.
Une Halte au désert, par J. Foussette.

FORMAT IN-12. — 2e Série.
Chaque volume est orné d'une jolie vignette sur acier.

Abrégé de la vie des Philosophes de l'antiquité, par Fénélon.
Adélaïde Wistbury, par M. A. Marin.
Arthur et Marie, par H. de Ruilly.
Alphonse et Lucie, par A. de Driou.
Discours sur l'Histoire universelle, par Bossuet, 2 vol.
École (l') des Jeunes demoiselles, d'après l'abbé Reyre.
Enfant (l') de Chœur, par A. de Driou.
Emile, ou le Jeune Esclave algérien.
Ferdinand, ou le Pêcheur breton, par madame Nelly d'Ast.
Fleur Angélique, par P. Jouhanneaud.
Gloires (les) de l'Église naissante pendant les trois premiers siècles du Christianisme, par l'abbé R*.
Guillaume Aubry, par A. de S.-Paul.
Histoire naturelle des insectes et des reptiles, par M. le chevalier de Régley.
Histoire naturelle des oiseaux, par le m*
Hist. nat. des mammifères, par le même.

Histoire de S. Paul, par l'abbé Robert.
Histoire de Stanislas I, roi de Pologne.
Histoire de Théodose le Grand, d'après Fléchier.
Histoires édifiantes et curieuses, par Baudrand.
Jean Népomucène, Épisode du XIV. siècle, par l'abbé P. Jouhanneaud.
Madeleine, par madame C. Lebrun.
Marthe et Marie, par Léontine de Billon.
Modèle (le) des Jeunes Gens, ou vie édifiante de Claude Lepelletier de Sousi.
Octave, par l'abbé A. A.
Précepteur (le) de l'Enfance chrétienne.
Sept soirées de famille, par M. de Rougnac.
Stéphane et Marie, par mad. Cordier.
Vie de saint Louis de Gonzague.
Vie de saint Stanislas Kostka.
Vie de S. Vincent de Paul, d'ap. Collet.
Vie du comte Louis de Sales, frère de S. François, par le P. Buffier.

FORMAT IN-18. — 1re série.
Chaque volume est orné d'une jolie vignette sur acier.

Adèle, ou la Vertu vengée.
Adrienne, par mad. Marie de Blays.
Alix, ou les Avis d'une mère chrétienne.
Berthe, ou la Seconde Mère.

Blanche, ou la Conversion d'un Père.
Catherine, ou la Vierge du Gan*
Claude, par J.-B.-G. de Mirva*
Corbeille (la) de Fleurs, tr. de Schmidt.

Doigt (le) du Dieu, par Pierre Marsal.
Edouard et Emma, ou les Enfants ingrats.
Edouard et Paulin, par J.-B. Berger.
Elise, ou le Miroir du jeune Age.
Félicie, par mad. Lebassu d'Helf.
Fernando, ou Histoire d'un jeune Espagnol, traduit de Schmith.
Fille (la) du Paralytique, par madame L. d'Helf.
Fleurs (les) sous la Neige, par mad. d'Helf.
Frère et Sœur, ou les Petits Jumeaux du Manoir, par M. J.-B Champagnac.
Gabriel Perboire, ou l'Aventureux Pélerinage.
Godefroi, ou le jeune Solitaire, traduit de Schmith.
Gottlieb, ou le Triomphe de l'Innocence, traduit de l'allemand par M. D. Daltenheyn.
Jeanne de Walbourg, par A. Pichot.

Jules et Marie, ou le Joli vase de Fleurs trad. de l'allemand par D. Daltenheyn.
Léopold, ou l'Ecueil de la Tendresse paternelle, par M. L. de B.
Louise, ou l'Ecueil de l'Amour maternel, par M. L. de B.
Mathilde, ou le Dévouement Filial.
Machabée, ou le Triomphe du zèle et de la confiance en Dieu, par A. Lemaire.
Octavie, ou le Bonheur d'une famille unie et laborieuse, par Mlle F. L.
Odette et Charles VI, par mad. Cordier.
Orphelin (l') de Mogador, par de Mirval.
Œufs (les) de Pâques, trad. de Schmith.
Pierrette, ou la Vertu fait le Bonheur, par mad. Césarie Farrenc.
Soins (les) du Cœur chez les Enfants chrétiens, par ***.
Pierre et Gaétan.
Veille (la) de Noël, trad. de Schmith.

FORMAT IN-18. — 2e Série.
Chaque volume est orné d'une gravure.

Anne-Henriette de France, ou Humilité parmi les Grandeurs, suivi de Anne-Marie Gilbert et de Marie-Anne G.
Arsène, ou Richesse dans la Pauvreté.
Arthur et Théobald.
Charles, ou le Guide vertueux.
Enfant (l') de Bénédiction, Modèle de la Jeunesse.
Gabriel, ou le Dévouement dans l'Exil.
Gaspard, ou le Cœur désabusé.
Georgette et Cécile, ou le Monde renversé; suivi de Mary et Anna, ou la Jalousie, comédies en un acte.
Guillaume, ou le Parfait Ecolier.
Historiettes morales, ou Contes à mes Enfants.

Hubert, ou l'Enfant vertueux.
Jeanne, ou l'Innocence persécutée.
Julie-Angélique, ou l'Ange de la Terre
Muette (la) de Chamonix, comédie en un acte; suivi de Mathilde d'Ormond, ou la Vengeance, drame historique en trois actes.
Marie, ou les Soins de la Providence.
Petits (les) Martyrs; suivi du Triomph de la Foi.
Souvenirs du Jeune Age.
Thérèse, ou le Modèle des Jeunes Personnes.
Une Famille chinoise, ou Héroïsme dans la Persécution.
Victoire, ou Souffrance et Résignation.

FORMAT GRAND IN-32. — 30 vol. dans la collection.

Chaque volume est orné d'une jolie vignette.

A Trompeur Trompeur et demi, ou le Renard et la Cigogne, par V. Chollet.
Achille, ou ne jugez pas sur les apparences.
Amélie, ou l'Ange du Hameau, par Victor Chollet.
Amélie, ou les Fruits de l'Aumône.
Claire et Léonie, ou Bonheur dans l'Amitié.
Contes à mon petit ami, par V. Chollet.
Ernestine, ou les Suites de l'Ignorance.
Hélène, par mad. Césarie Farreno.
Jean et Marie, tiré de la Morale en action.
Le Petit Despote, par Berquin.
Le Petit Mathieu, ou Une pauvre Famille, par mad. Césarie Farreno.
Le Petit Jean, par mad. Césarie Farreno.
Le Sou de l'Aveugle, par V. Chollet.
Les Enfants Chrétiens.
Les Mauvaises Liaisons, ou le Loup et le Renard, par Victor Chollet.
Louis, ou l'Amour Filial, par madame Césarie Farreno.
Louise, ou la Fille de l'Aveugle.
Marcellin, ou les Suites du Mensonge.
Marie, ou la Petite Orpheline, par madame Césarie Farreno.
Mimi, ou le Petit Bossu, par la même.
Mon Frère Jacques, par Berquin.
Narcisse, ou le Jardinier du Couvent.
Paul, ou le Petit Espiègle, par Chollet.
Prix d'Émulation, par E. H.
René, ou l'Élève reconnaissant, par madame Rennevillé.
Théodore, ou le Petit Orphelin, par madame Césarie Farreno.
Théodore, ou le Guide de l'Enfance.
Travail et Paresse, par Victor Chollet.
Valentin, ou le Jeune Orphelin et son Bienfaiteur, par Berquin.
Vie de François Albini.

ENCOURAGEMENTS ET RÉCOMPENSES,

DÉDIÉS A L'ENFANCE CHRÉTIENNE,

APPROUVÉS PAR MONSEIGNEUR L'ÉVÊQUE DE LIMOGES.

Opuscules de 36 pages in-18, ornés d'une gravure.

Adolphe et Laurent, ou Deux éducations.
Aumône (l') Chrétienne.
Avantages (les) d'un Joli Caractère.
Benoît, ou le Pieux Mandarin.
Bienfaisance (la).
Camille, ou la Petite Indiscrète.
Courage et Foi.
Innocence et Bonheur.
Juliette, ou la Désobéissance.
Marguerite, ou Constance dans la Foi.
Marie-Thérèse, ou la Vierge Syrienne.
Mission (une) en Chine.
Pierre et Agnès.
Piété (la) Filiale.
Raphaël.
Roi (le) de Moissour.
Sophie, ou la Bonne petite Fille.
Tribu (une) Indienne.
Triomphe (le) des Vierges chrétiennes.
Voies (les) de la Providence.

VOYAGE EN ORIENT.

VOYAGE
EN
ORIENT

par

L'ABBÉ L.

Athènes

à **Limoges**

Barbou Frères

ÉDITEURS

VOYAGE
EN ORIENT

PAR

M. L'ABBÉ H...

LIMOGES.
BARBOU FRÈRES, IMPRIMEURS-LIBRAIRES.

1853.

AVERTISSEMENT.

Ce Voyage n'était point destiné d'abord à voir le jour. En traversant le pays que j'y décris, je me bornai à jeter sur le papier quelques notes selon les impressions que j'avais reçues, n'ayant jamais eu l'intention de publier une relation de ces contrées célèbres que tant d'hommes distingués ont dépeintes avec un talent devant lequel je m'incline. J'ai cédé à la sollicitation de quelques amis, auquel il m'arriva un jour d'en lire quelques fragments. Encouragé par leur bienveillance, je mis de l'ordre dans ces idées, et il en résulta ce volume que je présente ici, sans prétention aucune, à la jeunesse, et pour lequel je réclame l'indulgence du public.

VOYAGE EN ORIENT.

CHAPITRE PREMIER.

ROME.

Rome! A ce nom quels souvenirs viennent se précipiter dans mon esprit! Terre célèbre dans tous les temps, reine des cités, ville illustre par tant de genres de gloire, que je suis heureux de fouler ton sol sacré! Que mon cœur palpite de joie et d'amour! Combien je t'ai appelée dans mes transports! Rome! tu apparais enfin à mes yeux telle que t'ont chantée les poètes, telle que t'ont décrite les historiens, telle que t'on représentée les peintres, grande, radieuse, ceinte de l'auréole de la sainteté, brillante dans ta beauté ancienne et toujours nouvelle, dépositaire des oracles célestes, élevant ton front au-dessus des autres cités de la terre, et portant seule, entre toutes, le nom d'éternelle!

Telles furent les pensées qui agitaient mon âme, lorsque j'aperçus les dômes resplendissants et les faîtes des édifices de la capitale du monde chrétien. Mon cœur était préparé à recevoir l'impression que devait faire sur moi cette ville unique, dont l'histoire est en quelque sorte celle du genre humain; tout avait de même contribué à exalter mon imagination, et le beau climat et l'air suave et parfumé de l'Italie, et la douce chaleur du mois des fleurs, et les charmantes villes que j'avais traversées sur mon passage. Dans un premier moment d'enthousiasme, je me serais presque mis à genoux pour baiser cette terre, arrosée du sang des martyrs, tant je fus heureux de voir Rome.

Ordinairement les voyageurs ne font éclater leur joie que quand ils sont arrivés au terme de leur course, tandis que moi, qui commence à peine mon pèlerinage, je me livre déjà aux transports de l'allégresse; mais c'est que je respire l'air de Rome, et voilà la cause de mon bonheur.

Un prêtre trouve facilement à se loger dans cette ville : la multitude des maisons religieuses qui y sont établies ne lui laisse, pour ainsi dire, que l'embarras du choix; d'ailleurs j'étais nanti de plusieurs lettres de recommandation, et dès-lors j'étais sûr d'être bien accueilli. Je fus donc me reposer sous le toit hospitalier d'un des gardes bibliothécaires de la Propagande, pour commencer dès le lendemain nos excursions.

Ce qui a d'abord dû captiver mon attention, ce furent, je l'avoue naïvement, les riches et belles églises de Rome.

Si la ville aux sept collines réclame l'honneur d'être la première entre les cités de la terre par la somptuosité de ses édifices, par ses souvenirs magiques, par ses réalités plus grandes encore, par une infinité de choses qu'on ne trouve nulle part ailleurs, l'église du Vatican peut aussi, et à bon droit, prétendre à l'honneur d'être la première des basiliques de l'univers. Et ce temple magnifique ne porte cependant que le nom d'un pauvre pêcheur de la Galilée !!! Mais des siècles sont là : ce temple est l'anneau qui lie ensemble la chaîne des temps anciens et nouveaux ; il est l'accomplissement des oracles des prophètes, l'attestation solennelle des promesses du Seigneur, la chaire de la vérité, le flambeau des lumières et de la civilisation, l'écueil contre lequel vient se briser l'erreur ; c'est là que veille la sentinelle avancée du camp d'Israël, et cette sentinelle est un vieillard, débile en apparence, mais fort par la protection de celui qui a dit autrefois au pêcheur de la Galilée : « Tu es Pierre, et sur cette pierre je bâtirai mon Eglise, et les portes de l'enfer ne prévaudront point contre elle. »

Ce temple a succédé à un autre, qui, dans une autre cité, fut aussi l'objet d'un peuple chéri, mais à présent réprouvé, et dont les débris couvrent la surface de toute la terre, tandis que le souffle de la colère divine a dispersé la poussière du temple de Salomon, d'Esdras et des Machabées.

Envisagée comme objet d'art, l'église de Saint-Pierre est encore une œuvre grandiose. Tout y respire la noblesse de la maison de Médicis : chaque pierre semble redire le pontife qui a eu la gloire d'attacher son nom à un des plus beaux siècles dont parlent les Annales des peuples. Quelle belle disposition, quelle harmonie président à l'idée créatrice de ce monument! quelle coordonnance! quelle admirable unité! quelle richesse, quelle variété dans les détails! Page sublime dans l'histoire de l'architecture, tu ne seras probablement point effacée dans le cours des siècles par un temple rival, tout comme la religion aux solennités de laquelle tu prêtes tes voûtes sacrées est la seule qui puisse se vanter d'être l'interprète des volontés du Seigneur, l'ancre de salut des mortels, et fille du ciel.

En arrivant sur la place de Saint-Pierre, on est ravi d'admiration à la vue de ce superbe portique à quatre rangs de colonnes, disposées en amphithéâtre; de cet obélisque, dépouille de l'Egypte, et s'élevant à une hauteur de cent vingt-quatre pieds : il fut placé, l'an 1586, par Sixte-Quint. Deux jolies fontaines, faisant tomber l'eau d'une grande hauteur dans plusieurs bassins, et formant une gerbe magnifique, ornent cette place et y répandent une douce fraîcheur. — Entrer dans une description de ce monument est une chose impossible : l'espace de ce volume, consacré à retracer tant d'autres souvenirs, ne le permettrait pas. Cette église a six cents pieds de longueur et quatre cent quarante dans sa plus grande largeur; le vestibule seul, qui se distingue par ses somptueuses décorations, a soixante pieds de longueur. On a travaillé plus d'un siècle à cette basilique, qui fut commencée sous le pape Jules II, et l'on y dépensa plus de trois cents millions.

La partie la plus célèbre de ce temple auguste, c'est la Confession de Saint-Pierre, c'est-à-dire le tombeau où est conservé le corps du prince des apôtres. On descend par un double escalier dans cette crypte au-dessous de laquelle est le maître-autel, sur un riche baldaquin : le pape seul y dit la messe. Le dôme, ou la coupole, est étonnant par sa hardiesse. Il a près de trois cent quarante pieds de hauteur, et repose sur des piliers gigantesques, ayant trois cents pieds de circonférence. Le bâtiment renferme encore dix autres coupoles, vingt-neuf autels, une multitude de statues, de tombeaux, de belles chapelles, parmi lesquelles se distingue surtout celle du Saint-Sacrement par sa richesse et son tabernacle. Les fonts baptismaux méritent aussi d'être cités. Le bassin est une urne de porphyre, qui a douze pieds de longueur et six de largeur. Quarante confessionnaux pour toutes les langues de l'univers catholique ornent cette basilique, sous laquelle se trouve l'ancienne église de Constantin, renfermant un grand nombre de tombeaux des papes, de quelques rois et cardinaux, des statues, bas-reliefs et autres objets.

Le palais du Vatican, contigu à cette église, ressemble à une ville et renferme plusieurs cours, de vastes jardins et, à ce que l'on assure, onze mille chambres, avec deux cent huit escaliers. C'est là que se trouve la célèbre chapelle Sixtine, illustrée par un des chefs-d'œuvres de Michel-Ange, représentant le jugement dernier.

J'emprunte à M. de Chateaubriand la peinture qu'il a faite de ce monument et des curiosités qu'il renferme. Ce morceau rend mieux que je ne pourrais le faire l'idée de l'imposante réunion de tant de grandeurs.

« J'ai visité le Vatican à une heure. Beau jour, brillant soleil, air extrêmement doux. Solitude de ces grands escaliers où l'on peut monter avec des mulets ; solitude de ces galeries ornées des chefs-d'œuvre du génie où les papes d'autrefois passaient avec toutes leurs pompes ; solitude de ces loges que tant d'hommes illustres ont admirées : le Tasse, Arioste, Montagne, Milton, Montesquieu, des reines, des rois ou tout puissants ou tombés, et tous ces pèlerins de toutes les parties du monde.

» Dieu débrouillant le chaos.

» J'ai remarqué l'Ange qui suit Loth et sa femme.

» Belle vue de Fracasti par-dessus Rome, au coin ou au coude de la galerie.

» Entrée dans les chambres. — Bataille de Constantin : le tyran et son cheval se noyant.

» Saint Léon arrêtant Attila. Pourquoi Raphaël a-t-il donné un air fier et non religieux au groupe chrétien ? Pour exprimer le sentiment de l'assistance divine.

» Le Saint-Sacrement, premier ouvrage de Raphaël : froid, nulle piété, mais dispositions et figures admirables.

» Apollon, les Muses et les poètes. — Caractère des poètes bien exposé. Singulier mélange.

» L'incendie du bourg. — La femme qui porte un vase : copiée sans cesse. Contraste de l'homme suspendu et de l'homme qui veut atteindre l'enfant ; l'art trop visible. Toujours la femme et l'enfant rendus mille fois par Raphaël, et toujours excellemment.

» L'école d'Athènes ; j'aime autant le carton. — Saint Pierre délivré. — Effet des trois lumières, cité partout.

» *Bibliothèque :* Porte de fer, hérissée de pointes ; c'est bien la porte de la science. Armes d'un pape : trois abeilles ; symbole heureux. — Livres invisibles. Si on les communiquait on pourrait refaire ici l'histoire moderne tout entière.

» *Musée chrétien.* — Instruments de martyre : griffes de fer pour déchirer la peau, gratoir pour l'enlever, martinets de fer, petites tenailles : belles antiquités chrétiennes ! Comment souffrait-on autrefois ? Comme aujourd'hui, témoin ces instruments. En fait de douleurs, l'humanité est stationnaire.

» Lampes trouvées dans les catacombes. — Le christianisme commence à un tombeau ; c'est à la lampe d'un mort qu'on a pris cette lumière qui a éclairé tout le monde. — Anciens calices, anciennes croix, anciennes cuillères pour administrer la communion. — Tableaux apportés de Grèce pour les sauver des iconoclastes.

» Ancienne figure de Jésus-Christ, reproduite depuis par les peintres ; elle ne peut guère remonter au-delà du huitième siècle. Jésus-Christ fut-il *le plus beau des hommes*, ou était-il laid? les Pères grecs et les Pères latins se sont partagés d'opinion : je tiens pour la beauté. — Donation à l'Eglise sur papyrus : le monde recommence ici.

» *Musée antique*. — Chevelure d'une femme trouvée dans un tombeau. Est-elle de la mère des Gracques? est-ce celle de Délie, de Cynthie, de Lalagé ou de Lycimnie, dont Mécène, si nous en croyons Horace, n'aurait pas voulu changer un seul cheveu contre toute l'opulence d'un roi de Phrygie?

» Si quelque chose emporte l'idée de la fragilité, ce sont les cheveux d'une jeune femme, qui furent peut-être l'objet de l'idolâtrie de la plus volage des passions; et pourtant ils ont survécu à l'empire romain. La mort, qui brise toutes les chaînes, n'a pu rompre ce léger roseau.

» Belle colonne torse d'albâtre. Suaire d'amianthe retiré d'un sarcophaque : la mort n'a pas moins consumé sa proie.

» Vase étrusque. Qui a bu à cette coupe? un mort. Toutes les choses, dans ce musée, sont trésor du sépulcre, soient qu'elles aient servi aux rites des funérailles, ou qu'elles aient appartenu aux fonctions de la vie, etc., etc. »

La bibliothèque du Vatican renferme trente mille manuscrits, cent mille volumes rangés avec beaucoup d'art dans des armoires. — Le nom de Pie VI ne peut être prononcé qu'avec vénération dans cet asile des sciences, des lettres et des arts; c'est lui qui a fait établir et orner plusieurs de ces magnifiques cabinets, l'admiration de tous les connaisseurs.

Parlerai-je maintenant de l'église de Saint-Jean-de-Latran; de son palais, où furent célébrés tant de conciles; de la belle église de Sainte Marie-Majeure, qui, dans toute autre ville, serait un temple magnifique, mais qui, à Rome, est éclipsée par celle de Saint-Pierre; de celles de Sainte-Croix à Jérusalem, de Saint-Sébastien, de Saint-Laurent et d'une multitude d'autres plus ou moins curieuses sous le rapport de l'art? Je ne puis cependant passer sous silence le Panthéon, dit la Rotonde, qu'Agrippa dédia à tous les dieux, et que le christianisme consacra à tous les Saints. Ce temple ne présente pas, à la vérité, le caractère de hardiesse, la pompe des richesses qu'on admire dans le dôme de Saint-Pierre ; mais sa voûte élégante, laissant échapper un reflet de lumière qui produit un effet merveilleux, plaît par ses belles proportions. Son péristyle, avec ses huit colonnes corinthiennes, si nobles, si pures, ravit l'œil comme une belle musique enchante l'oreille. C'est qu'il y a de l'harmonie dans cette architecture si gracieuse ; on dirait une page de poésie brillant entre mille autres beautés que nous ont léguées les siècles ; et cette rotonde, quoique dépouillée de ses marbres et de ses bronzes, ne laisse cependant point que d'intéresser vivement au sein même de son apparente nudité.

On prétend que la voûte du Panthéon a inspiré Michel-Ange dans la conception de la coupole de Saint-Pierre. Il faut convenir que la fille est digne de la mère, avec la différence que le temple païen semble ramper à terre comme le culte auquel il était destiné, tandis que la basilique chrétienne s'élance radieuse et majestueuse vers le ciel, symbole de la croyance des disciples de l'Évangile.

Le tombeau de Raphaël se trouve au Panthéon. Le cardinal Bembo, secrétaire de Léon X, a composé l'épitaphe du grand artiste.

Ille hic est Raphael, timuit quo Sospite vinci
Rerum magno parens, et moriente mori.

Quelle est cette vaste enceinte de ruine et de débris, couchés pêle-mêle, comme les ossements dans un cimetière? c'est le Colysé. Quel monument ! Il est digne du peuple-roi. Ce n'est point sans un frémissement secret que je pénètre dans l'intérieur de cet édifice prodigieux, que je foule cette arène dans laquelle combattait autrefois les gladiateurs et les martyrs pour charmer les loisirs de ceux dont ils étaient frères. Il me semble voir encore ces cent mille spectateurs, penchés sur des gradins, suivre d'un œil avide les victimes aux prises avec les lions et les vaches sauvages ; il me semble entendre les applaudissements frénétiques de la multitude cherchant quelques émotions dans le sang de leurs semblables immolés par une politique froide et barbare. — C'est donc ici, me dis-je, ce fameux amphithéâtre où les héros du christianisme venaient mourir pour expier le crime d'avoir refusé de l'encens à des idoles stupides ! C'est donc ici que l'innocence, confondue souvent avec le vice le plus abject, paraissait en spectacle devant un peuple tirant et esclave, admirable et digne de mépris, grand et courbant la tête sous le joug des plus honteux préjugés ! Cruelle condition de la nature humaine ! Elle s'exalte, elle se passionne pour une grandeur chimérique, et elle méconnaît sa véritable noblesse, celle qui naît de la vertu ! Elle cherche des jouissances, et elle ne connaît point celles que procure la charité ! Elle poursuit des rêves d'ambition, et elle ignore que Dieu seul est grand ! Le paganisme est là tout entier dans cette enceinte, vain, superbe, farouche, matériel, c'est le règne de Néron, de Caligula, qui semble peser de tout son poids sur cette place sanctifiée maintenant par la force divine des athlètes de la vraie foi, et cette croix qui s'élève au milieu de ces débris proclame le règne de la vérité sur l'erreur, de la douceur sur le despotisme, de la patience sur l'abus de la force brutale. — Et ces autels, érigés à la place des loges où rugissait les bêtes féroces, annoncent à l'univers la victoire remportée par le Crucifié sur l'idolâtrie, hideuse aberration de l'esprit humain, source impure de mille désordres. — J'ai interrogé ces lieux où venaient s'asseoir les empereurs, escortés de leurs satellites, et la solitude seule a répondu à ma voix, et j'ai vu que l'orgueil du Capitole s'est incliné devant une croix, et ces murs semblaient me répéter ce que disait, il y a trente siècles, le roi Salomon : « Vanité des vanités, et tout est vanité. »

C'est sous l'impression de pensées si diverses, suggérées par l'aspect de ces lieux, que je m'éloigne pour porter plus loin mes investigations. Je rencontre... Eh quoi ! serait-il là le *Forum ?* Ces débris de temples, d'arcs-de-triomphe, de palais, couvrent la place qui retentit autrefois des accents de tant d'orateurs ! C'est ici que Cicéron promenait le tonnerre de son éloquence, qu'il foudroyait les ennemis de sa patrie ! C'est ici que le peuple romain décrétait ces lois qui changèrent la face de l'univers, qu'il préparait les chaînes pour tant de nations vaincues ! Et maintenant le beuglement de la vache étouffe l'écho de tant de noms illustres ; ce lieu, jadis le centre du monde, a perdu jusqu'au prestige de son nom ; il s'appelle le *Champ des Vaches*. Quel contraste bizarre ! Des animaux foulent ce même sol où se déployait autrefois la puissance des consuls ; la houlette du berger remplace le faisceau du licteur !

Je monte au Capitole. Là je retrouve du moins encore un nom imposant et point de ruines ; mais je cherche en vain ce sénat, cette citadelle, ces statues, ces temples, tout cela a disparu. Aujourd'hui qu'un autre culte, qu'une autre morale ont pris la place des mœurs des conquérants, ce lieu ne respire plus que la paix. Les aigles romaines ne viennent plus s'y abattre pour annoncer des victoires achetées par tant de sang et de larmes ; les triomphateurs ne viennent plus y étaler les dépouilles des nations soumises à leur sceptre de fer ; les souvenirs des citoyens illustres de la république y vivent encore, quoiqu'on ne les retrouve plus inscrits sur le marbre et sur le bronze. La grandeur du Capitole respire encore dans un nom impérissable, et c'est là tout.

Du Capitole je descends dans les Catacombes, ville souterraine, où l'imagination se perd au milieu des instruments de supplice, des autels, des rochers, rappelant une époque bien reculée et si honorable pour le Christianisme. Ces lieux furent autrefois témoins de scènes bien attendrissantes : c'est là que les premiers chrétiens s'assemblèrent pour adorer le Créateur de l'univers ; c'est là qu'ils apprirent à pratiquer ces sublimes vertus que les païens furent obligés d'admirer ; c'est là qu'ils apprirent à pardonner à leurs lâches persécuteurs ; c'est de là qu'ils sortirent embrasés du feu de l'amour de Dieu, pour affronter la mort, pour monter sur les échafauds, sur les bûchers, pour combattre dans le Cirque. Quel rapprochement entre le maître, naissant dans une étable, et les disciples, se dérobant à la clarté du jour pour suivre l'impulsion de leur conscience ! Ah ! que j'aurais voulu assister à une de ces saintes assemblées, à une de ces réunions mystérieuses de la primitive Eglise, où la sainteté était la marque distinctive de chaque chrétien, la livrée qui le faisait reconnaître ; où la charité était le lien des cœurs ; où l'on cherchait, dans les antres ténébreux, le chemin qui conduit au véritable bonheur, à la félicité éternelle ; et quand alors roulaient sur les têtes des fidèles les chars de triomphes ; quand mugissait autour d'eux la tempête des révolutions, quand s'ébranlaient les armées prêtes à porter l'esclavage aux provinces lointaines, les adorateurs du Christ, s'appuyant sur la croix qui venaient de sauver le monde, tranquilles spectateurs de ce mouvement qui déplaçait tout, priaient, espéraient, en attendant des temps plus calmes.

Je visite tour à tour la magnifique porte du Peuple, et la colonne de Trajan, et la place de Monte-Cavellon avec son obélisque et ses deux chevaux, conduits par des esclaves, et les thermes de Dioclétien, et les ruines du temple de Pallas, et l'arc-de-triomphe de Septime-Sévère, et les débris du temple de la concorde, et ceux de Jupiter-Tonnant, et ceux du temple de la Paix; d'Antonin; et l'arc-de-triomphe de Titus, et cent autres curiosités que je ne puis toutes transcrire ici.

Quinze jours se sont écoulés depuis mon arrivée à Rome, et je n'ai vu qu'en partie les choses que les voyageurs admirent; mais le temps presse, et d'ailleurs on m'annonce qu'un vaisseau marchand appareille à Naples pour les Echelles du Levant. Ne voulant point manquer cette occasion, je suis forcé de faire mes adieux à la ville éternelle, et, sans avoir même eu le bonheur de voir Sa Sainteté le Pontife-Souverain, qu'une indisposition empêchait de recevoir les étrangers, je pris congé de mon aimable hôte, emportant de cette cité des souvenirs qui ne s'effaceront jamais de ma mémoire.

2.

CHAPITRE II.

NAPLES.

Me voici à Naples, capitale du royaume des Deux-Siciles, qui offre cela de particulier qu'elle a appartenu successivement aux Romains, aux Musulmans, aux Normands, aux Allemands, aux Français et aux Espagnols, jusqu'à ce qu'elle eut enfin ses rois. La population de cette ville surpasse de plus du double de celle Rome. Quel mouvement! quelle vie! Là on erre au milieu des tombeaux; ici c'est un monde d'habitant se poussant, se repoussant, courant de tout côté; on dirait un marché perpétuel, le rendez-vous de toute l'Italie. C'est que la vie n'est pas chère dans cette cité. Le Napolitain se contente de peu: la mer lui fournit du poisson en abondance, le Vésuve engraisse ses terres, les arbres ploient sous le poids des fruits, le climat lui sert de vêtement. Aussi on y travaille peu : le *dolce far niente* est à l'ordre du jour; mais la sobriété y est très-grande. Je cherche en vain ici ces brillants chefs-d'œuvre de l'art qu'à Rome on finit par ne plus admirer, parce qu'ils sont multipliés ; Naples vous ravit par son site enchanteur, par le voisinage du majestueux Vésuve, par sa belle musique. Quel charme de se promener le soir, après les feux du soleil, sur les bords de cette mer si calme, si unie, dont le miroir réfléchit les élégantes habitations construites dans une partie de ses flots ! Quel charme de pouvoir monter au Vésuve, d'aller visiter Pouzzolen, la Solfrata, les vignes où croît le *lacryma-Christi*, Pompeïa, Herculanum, Portici et tant d'autres lieux célèbres ; mais ce bonheur m'est refusé : je suis arrivé pour repartir aussitôt. Le capitaine du vaisseau sur lequel je dois m'embarquer ne me donne que vingt-quatre heures ; tout est prêt pour le départ, et je suis obligé de me borner à quelques regards furtifs jetés sur la somptueuse Naples, sans pouvoir me livrer à d'autres investigations. Je n'ai pas même la consolation d'aller cueillir une branche de laurier sur le tombeau du prince des poëtes latins, de l'immortel chantre d'Enée. J'ai à peine eu le temps de voir l'église de Saint-Janvier et le tombeau de l'infortuné André II, assassiné, à l'âge de dix-huit ans, par son épouse Jeanne, la veille de son couronnement.

CHAPITRE III.

LA MÉDITERRANÉE.

Je suis sur le pont, la tête appuyée sur ma main droite, plongé dans une profonde rêverie. On lève les ancres, du rivage partent quelques acclamations, quelques saluts, quelques vœux pour une heureuse navigation.

Bientôt nous découvrîmes l'île de Stromboli et les gerbes de feu de son volcan réfléchis sur la surface si unie de la mer. Les rochers de ces îles, dites Eoliennes, faisaient autrefois le royaume d'Eole dont parle Homère. Bientôt nous approchâmes des rivages de la Sicile, et nous allâmes traverser le fameux détroit de Messine, autrefois si redouté des marins, à cause des deux gouffres de Charybde et de Scylla.

Les faubourgs de Messine se détachent admirablement au milieu des belles allées de citronniers le long du rivage, et sont relevés par quelques clochers qui s'élèvent en forme pyramidale au pied des montagnes. Messine est une ville trop importante pour que nous n'ayons tous formé le projet de la visiter ; mais l'inexorable capitaine n'en voulut rien entendre, et il fallut nous contenter de l'admirer avec son phare et son port qui est un des meilleurs d'Italie. On distingue vers l'entrée de la ville les ruines d'un palais, dont la belle architecture et l'élévation s'étendent au loin. Je distinguai fort bien aussi la rade où se réunirent autrefois les flottes de deux puissants monarques, de Philippe-Auguste et de Richard-Cœur-de-Lion, pour aller délivrer la Terre-Sainte; leurs querelles se présentèrent à ma mémoire et je gémis sur ces funestes divisions qui, produites par l'ambition et la vanité, compromirent la belle cause que ces princes devaient défendre. L'air de la Sicile est fort sain, mais chaud ; cette île produit des fruits excellents, beaucoup de blé, de vin, de coton, du miel recherché, du safran, etc. Les Siciliens passent pour être spirituels, industrieux, mais inconstants et irascibles. Cette île qui a suivi les mêmes vicissitudes que le royaume de Naples, a environ soixante lieues de long, sur quarante de large, elle n'a point de rivière considérable, mais un volcan, le terrible Etna, ou Gibel, qui y fait souvent de cruels ravages. Cette montagne paraît être un géant, comparée au Vésuve. Elle couvre une surface de cent mille carrés, ce dernier n'en ayant que vingt-cinq. La hauteur de l'Etna, au-dessus du niveau de la mer, est évaluée à onze cents pieds. Les éruptions n'atteignent presque jamais le sommet, mais ont généralement lieu sur les flancs. L'Etna présente de loin une masse environnée d'autres petites montagnes ; la bouche de son cratère a ordinairement trois, quelquefois six milles de circonférence ; c'est là que commence la région des glaces, au-dessus arbres d'une grosseur monstrueuse. Son sommet est presque toujours couvert d'une couronne de neiges, à ses pieds on aperçoit la ville de Catane et de nombreux villages. Les brouillards qui s'étendaient comme un crêpe funèbre le long du rivage, m'empêchèrent de distinguer Syracuse, patrie d'Archimède, ville autrefois si célèbre et dont la population ne dépassse pas de nos jours 14,000 habitants. Qu'on rapproche de cette situation ce que disent les anciens auteurs de cette cité.

« Syracuse était située sur la côte orientale de Sicile. Sa vaste étendue, sa situation avantageuse, la commodité de son double port, ses fortifications construites avec grand soin, la multitude et la richesse de ses citoyens, la rendirent une des plus belles, des plus grandes et des plus puissantes villes grecques. On dit que l'air y était si pur et si net, qu'il n'y avait point de jour dans l'année, quelque nébuleux qu'il fût, où le soleil n'y parût.

Elle fut fondée par Archias le Corinthien, un an après que le furent Naxe et Mégare sur la même côte.

Lorsque les Athéniens en formèrent le siége, elle était composée de trois parties qui sont l'île, l'Achradine, Tyque. Thucidide ne parle que de ces trois parties ; on y en ajouta deux autres dans la suite, savoir : Néapolis et Epipole.

L'île, située au midi, était appelée *Nasos*, qui est le mot grec qui signifie île, mais prononcé selon le dialecte dorique, et *Ortygie*. Elle était jointe au continent par un pont. C'est dans cette île qu'on bâtit dans la suite le palais des rois et la citadelle. Cette partie de la ville était très-importante, parce qu'elle pouvait rendre ceux qui la possédaient maîtres des deux parts qui l'environnent. C'est pour cela que les Romains, quand ils eurent pris Cyracuse, ne permirent plus à aucun Syracusain de demeurer dans l'île.

Il y avait dans cette île une fontaine fort célèbre qu'on nommait *Aréthuse*. Achradine, située entièrement sur les bords de la mer, et tournée vers l'Orient, était de tous les quartiers de la ville le plus spacieux, le plus beau et le plus fortifié.

Tyque, ainsi appelée du temple de la fortune (Τύχη) qui ornait cette partie, s'étendait le long de l'Achradine au couchant, depuis le septentrion vers le midi. Elle était fort habitée. Elle avait une porte célèbre nommée *Hexapyle*, qui conduisait dans la campagne, et elle était située au septentrion de la ville.

Epipole était une hauteur hors de la ville et qui la commandait ; elle était située entre Hexapyle et la pointe d'Eurgèle ; vers le septentrion et le couchant ; elle était en plusieurs endroits fort marqué, et, par cette raison, d'un accès fort difficile...

Syracuse avait deux ports tout près l'un de l'autre, et qui n'étaient séparés que par l'île, le grand et le petit, appelé autrement *Laceus*. Ils étaient l'un et l'autre environnés des édifices de la ville. Le grand avait un peu plus de deux milles de circonférence. Il avait un golfe appelé Dascon. L'entrée de ce port n'avait que cinq cents pas de large, elle était formée d'un côté, par la pointe de l'île Ortygie, et de l'autre par la petite île et par le cap de Plemmyre, qui était commandé par un château de même nom. Au-dessus de l'Achradine était un troisième port, nommé le port de Trogilie.

De ces cinq quartiers il n'y en a plus d'habité que l'Ortygie; et le seul monument qui reste de la grandeur de cette cité, c'est l'ancien temple de Minerve, aujourd'hui cathédrale. On croit que sous le règne de Constantin cet édifice fut dédié à la sainte Vierge, et c'est ce qui la sauva d'une entière destruction. On y voit, ainsi que dans les environs, plusieurs ruines qui déposent de la puissance de Syracuse; on admire encore les galeries souterraines; il paraît qu'elles ont servi de sépulture, et même de retraite aux premiers chrétiens pendant les persécutions.

Notre vaisseau continuait à cingler à pleines voiles et s'avançait rapidement vers l'Adriatique, que nous traversâmes dans sa largeur laissant à notre gauche les îles de Zanthe, de Céphalonie, d'Itaque, de Saint-Maur, de Corfou, les îles de l'Archipel, nous nous dirigeâmes vers Constantinople.

CHAPITRE IV.

CONSTANTINOPLE.

Avant de promener mes jeunes lecteurs par les rues de la capitale de l'empire ottoman, j'emprunte à l'illustre auteur du *Génie du Chritianisme* le passage suivant, qui peint si bien cette ville, et que je place comme frontispice à la tête de ma relation.

» Je remarquai sur-le-champ le mouvement des quais et la foule des porteurs, des marchands et des mariniers; ceux-ci annonçaient par la couleur diverse de leurs visages, par la différence de leur langage, de leurs habits, de leur robe, de leurs chapeaux, de leurs bonnets, de leurs turbans, qu'ils étaient venus de toutes les parties de l'Europe et de l'Asie habiter cette frontière des deux mondes. L'absence presque totale des femmes, le manque des voitures à roues, et les meutes de chiens sans maîtres, furent les trois caractères distinctifs qui me frappèrent d'abord dans l'intérieur de cette ville extraordinaire. Comme on ne marche guère qu'en babouches, qu'on n'entend point de bruit de carrosses et de charettes, qu'il n'y a point de cloches, ni presque point de métier à marteau, le silence est continuel. Vous voyez autour de vous une foule muette qui semble vouloir passer sans être aperçue et qui a toujours l'air de se dérober aux regards du maître. Vous arrivez sans cesse d'un bazar à un cimetière, comme si les Turcs n'étaient là que pour acheter, vendre et mourir. Les cimetières, sans murs et placés au milieu des rues, sont des bois magnifiques de cyprès : les colombes font leurs nids dans ces cyprès, et partagent la paix des morts. On découvre çà et là quelques monuments antiques, qui n'ont de rapport ni avec les hommes modernes, ni avec les monuments nouveaux dont ils sont environnés : on dirait qu'ils ont été transportés dans cette ville orientale par l'effet d'un talisman. Aucun signe de joie, aucune apparence de bonheur ne se montre à nos yeux : ce qu'on voit n'est pas un peuple, mais un troupeau qu'un iman conduit et qu'un janissaire égorge. Il n'y a d'autre plaisir que la débauche, d'autre peine que la mort. Les tristes sons d'une mandoline sortent quelquefois du fond d'un café, et vous apercevez d'infâmes enfants qui exécutent des danses honteuses devant des espèces de singes assis en rond sur de petites tables. Au milieu des prisons et des bagnes s'élève un sérail, Capitole de la servitude : c'est là qu'un gardien sacré conserve soigneusement les germes de la peste et les lois primitives de la tyrannie. De pâles adorateurs rôdent sans cesse autour du temple et viennent apporter leurs têtes à l'idole. Rien ne peut les soustraire au sacrifice; ils sont entraînés par un pouvoir fatal; les yeux du despote attirent les esclaves, comme les regards du serpent fascinent les oiseaux dont il a fait sa proie. »

L'origine de la ville de constantinople, connue d'abord sous le nom de Bysance, n'est pas connue.

Au rapport d'Hérodote, de Thucidide, de Xénophon et de plusieurs autres auteurs, les Mégariens ayant bâti Chalcédoine sur la rive asiatique, Bysan, chef d'une autre colonie de Mégariens, fonda Bysance dix-sept ans après, et plus de six cent cinquante ans avant l'ère chrétienne. Cette ville se contint pendant quelque temps dans l'indépendance, mais elle fut réduite successivement sous la dépendance de Darius, des Ioniens, de Terxès. Pausanias la soumit ensuite à la puissance des Spartiates, et l'agrandit, ce qui lui valut le nom de ce second fondateur. Les Athéniens s'en emparèrent quelques années après, ce qui occasiona de graves démêlés entre ces deux puissantes républiques. Les Bysantins en profitèrent pour reprendre leur indépendance; ils augmentèrent leurs forces maritimes, résistèrent à Philippe, roi de Macédoine; mais furent obligés de subir le joug des Romains, qui leur accordèrent le privilége de se gouverner d'après leurs propres lois, pour les récompenser de leurs services dans la guerre contre Mithridate. Bysance obtint alors le titre de métropole, et se distingua par sa population et ses richesses; mais elle fut de nouveau maltraitée par Vespasien, qui la priva de ses titres et de sa liberté. Sévère, pour la punir de son attachement à Pescennius Niger, son concurrent à l'empire, l'assiégea pendant trois ans, la prit enfin, la détruisit et fit mettre à mort ses habitants; mais il la fit rebâtir ensuite, à la prière de Caracalla, son fils. Elle fut de nouveau détruite sous Gallien, et ne conserva depuis ce temps qu'une ombre de son ancienne grandeur. Constantin la choisit enfin pour en faire le siége de son vaste empire, lui donna son nom, et la fit agrandir et embellir. Les empereurs grecs y firent leur séjour, jusqu'à ce que les Croisés latins s'en emparèrent, 1204. Mahomet II l'arracha enfin, en 1453, aux faibles successeurs de Constantin, et en fit la capitale de son nouvel empire.

Constantinople est admirablement bien située et forme une espèce de triangle dont la pointe s'avance dans la mer; mais cette situation contraste péniblement avec les rues sales et étroites, les maisons basses et pour la plupart construites en bois, ce qui, en cas d'incendie, est fort dangereux, malheur qui arrive fréquemment, et qui réduit quelquefois en cendres des quartiers tout entiers. La malpropreté y produit un autre fléau, celui de la peste, qui y décime presque chaque année la population. L'esprit de fatalisme qui anime les Musulmans, et qui leur fait négliger les moyens suggérés en pareil cas par la prudence, contribue puissamment à propager un mal contre lequel s'élève l'idée d'une civilisation bien entendue.

Parmi les édifices qui attirent principalement l'attention des voyageurs, il faut ranger en première ligne les mosquées, dont le nombre s'élève au nombre prodigieux de trois cent quarante-quatre. Au premier rang figure celle appelée par les Turcs *Aia Sophia*, Sainte-Sophie. Voici ce que dit l'histoire de ce temple, le plus fameux que le christianisme ait élevé en Orient.

« L'église de Sainte-Sophie, bâtie par Constance, réparée par Théodore-le-Jeune après un incendie, décorée par tous les empereurs, avait été réduite en cendres dans la furieuse sédition du mois de janvier 532. Justinien entreprit aussitôt de la rebâtir, non pas telle qu'elle avait été, mais avec une magnificence qui la rendit le plus bel édifice de l'univers. Il y épuisa ses trésors ; il rassembla de toutes les parties de l'empire d'excellents ouvriers et des matériaux précieux. Anthémius de Tharalles, le plus habile architecte de ce temps-là, dressa le plan et commença l'ouvrage ; mais il mourut après en avoir jeté les premiers fondements. Isidore de Milet l'acheva, et les connaisseurs observent que le plan est supérieur à l'exécution. Codin rapporte que le ciment dont on se servait pour lier les pierres était fait d'orge bouillie dans de l'eau où l'on mêlait de la chaux, des tessons ou des tuiles pilées, et des écorces d'orme hachées. Il fallait que l'eau ne fût ni chaude, ni froide, mais tiède pour employer ce ciment, qui, selon cet auteur, donnait à la structure la même solidité que le fer. Comme ce superbe bâtiment existe encore, réduit en mosquée, j'en donnerai une description abrégée, d'après nos plus célèbres voyageurs.

» De la plus grande place de Constantinople, l'on arrivait dans une cour carrée, environnée de quatre portiques, au milieu de laquelle était un bassin d'eau jaillissante. C'est que les Grecs ont coutume de se laver les pieds, les mains et le visage avant que d'entrer dans une église. Après avoir traversé un double portique, on entrait dans le temple par neuf portes d'un bois précieux, curieusement travaillé; ces portes furent brûlées dans un incendie, sous le règne de Michel Curopalate, qui en fit faire d'autres en bronze, où son nom se lit encore en gros caractère. L'édifice, tourné vers l'Orient, selon l'ancien usage, était de forme carrée, plus long que large, seulement de la profondeur du sanctuaire. Il a deux cent quarante pieds de longueur sur deux cent quarante de largeur; la coupole a cent cinq pieds de diamètre, dix-huit de profondeur et cent soixante-cinq d'élévation au-dessus du pavé du temple. Tout le bâtiment portait sur huit grosses piles et vingt colonnes de marbre de diverses couleurs. La nef, s'arrondissant aux deux extrémités, formait un ovale. Le long des trois côtés de la nef régnait une galerie haute où les femmes s'assemblaient; car dans les églises grecques, elles sont séparées des hommes. Les chapiteaux des colonnes étaient d'airain doré ou argenté. Les plus beaux marbres dont les murs étaient revêtus, les compartiments de marbre et de porphyre qui formaient le pavé du temple, l'or, l'argent, les pierreries et la mosaïque des voûtes, une infinité de lampes de tous les métaux précieux et de toutes les formes, éblouissaient les regards et partageaient l'admiration. Le sanctuaire était incrusté d'argent, et l'on rapporte que Justinien y employa quarante mille livres pesant de ce métal.

« L'autel, qui, suivant l'usage des Grecs, était unique, brillait d'or et de pierreries. Six piliers massifs de ce métal le soutenaient. La table était un ouvrage merveilleux, composé de tous les métaux fondus ensemble et semé de pierres précieuses. Au pourtour on lisait une inscription qui exprimait l'offrande et la prière de Justinien et de Théodora.

» L'an 558, le dôme, fendu alors en plusieurs endroits par les fréquents tremblements de terre, tomba dans la partie orientale, tandis qu'on travaillait à le réparer. Cette chute écrasa l'autel, les portes du sanctuaire et l'ambon, c'est-à-dire le jubé. Justinien le fit réparer par Isidore, neveu du premier architecte. Il fut élevé de vingt pieds au-dessus de sa première hauteur. Basil Bulgaroctone le répara encore après un accident semblable, et l'on dit qu'il en coûta mille livres d'or pour le seul échafaudage. Cet autel si riche et si précieux ne subsiste plus. Les musulmans n'en ont plus dans leurs mosquées.

Lorsque Mahomet II prit Constantinople, il entra à cheval dans Sainte-Sophie ; et, après avoir fait sa prière à genoux sur l'autel, il le fit abattre. Ce prince infidèle n'osa même entrer ainsi dans cette église qu'après avoir su que les chrétiens même n'en faisaient pas scrupule. En effet, sous le règne des derniers empereurs chrétiens d'Orient, la vanité des Grecs était venue à un tel point, que les personnes de quelque distinction entraient à cheval dans Sainte-Sophie, ou s'y faisaient porter en litière. Pour éviter les incendies, Justinien n'employa point de bois de charpente ; il fit construire la voûte avec de longues tables de marbre. Le baptistère, placé à l'occident, était si spacieux, que l'on y tint des conciles, et que le peuple s'y réfugiait en foule dans les temps de sédition.

« Les Turcs n'ont rien changé au corps de l'église ; et s'ils en ont retranché quelque partie, ce ne put être que les bâtiments extérieurs, comme le palais du patriarche et les logements du clergé et des officiers. Ils ont, à la vérité, effacé ou défiguré les images de peinture et de sculpture ; les mahométants n'en souffrent point dans leurs mosquées, mais les traces qui en restent ne font point regretter cette perte : ces arts avaient alors entièrement dégénéré. Le portail ne s'accorde nullement avec la beauté et la majesté de l'intérieur ; c'est un ouvrage tout-à-fait conforme à la grossièreté du siècle de Justinien déjà demi-barbare. Il est étonnant qu'on ait si bien réussi dans les autres parties. Les turcs qui interdisent aux chrétiens l'entrée de leurs mosquées, sont surtout attentifs à n'en pas laisser entrer dans Sainte-Sophie ; ils sont persuadés que le dôme s'écroulerait aussitôt. » Sainte-Sophie est entourée de quatre minarets.

Les autres mosquées qui ont aussi frappé mes regards, sont celle que fit construire le sultan Osman, édifice remarquable par son élégance ; celle du sultan Achmed, située sur la place de l'Hippodrome, une des plus belles de Constantinople ; celle de la sultane Validé, mère de Mahomed IV. Ici les mosquées portent toutes le nom de leur fondateur ; on n'a laissé que comme par grâce, à cause de son ancienneté, le nom de Sainte-Sophie à celle dont on vient de lire la description.

La plupart de ces mosquées ont des écoles publiques, même des colléges où la jeunesse reçoit l'instruction. Quelques-uns ont des chapelles sépulcrales, où sont déposés les corps des sultans ; d'autres, des bibliothèques, des hôpitaux, des asiles où les pauvres reçoivent la nourriture. On peut évaluer à quarante le nombre des bibliothèques publiques, à douze cents les écoles primaires, sans comprendre les colléges où l'on enseigne la théologie, la philosophie et le droit ; on y confère aussi des grades qui ressemblent à ceux de nos universités. Il paraît à Constantinople plusieurs journaux, entre autres le *Moniteur Ottoman*, rédigé en langues turque et française; l'imprimerie rabbinique et arménienne, ainsi que celle où l'on imprime en langue arabe, persane et turque, jouissent d'une assez grande réputation; mais, par une bizarrerie singulière, le Coran ne peut pas être imprimé; on continue à le copier pour le répandre dans le public. Les écoles de médecine, de navigation, de mathématiques, celle où l'on forme des officiers de marine, ne sont établies que depuis quelques années, et laissent encore beaucoup à désirer. Dans un pays si riche et si bien situé, on cherche en vain ces beaux cabinets d'histoire naturelle, ces collections d'objets si intéressants et si utiles aux sciences, on y trouve rien de semblable.

J'ai parcouru avec plaisir quelques places assez remarquables; mais elles ressemblent plutôt à de vastes plaines; on n'y voit point ces ornements, ces statues qui embellissent les places de nos grandes villes et qui leur donnent la vie; sur celle de Topcana on remarque une très-belle fontaine; sur l'hippodrome, où les jeunes Turcs s'exercent dans l'art de l'équitation, on aperçoit un obélisque en granit.

Quelques acqueducs méritent aussi d'être cités, sans offrir toutefois un grand intérêt sous le rapport de l'art. La ville renferme un grand nombre de citernes, dont la plupart ont été établies sous le règne de Constantin. Les bains sont un objet de première nécessité dans tout l'Orient; aussi voit-on plus de trois cent cinquante bâtiments affectés à cet usage, sans compter ceux qui se trouvent dans les maisons particulières.

Constantinople renferme beaucoup de bazars où sont étalées toutes les productions du pays; mais un de ces marchés dont l'aspect m'a révolté, c'est celui où l'on vend des esclaves, surtout des jeunes filles, objet d'une spéculation infâme. J'ai détourné avec horreur mes regards de cet endroit, qui est une flétrissure pour une ville civilisée. Oh! que le christianisme est sublime d'avoir proscrit ce honteux trafic, si indigne de créatures douées de raison! Avec les bazars il ne faut pas confondre les khans, où les négociants se réunissent pour y traiter d'affaires, ni avec les caravan sérails, servant de dépôt aux marchandises qu'y amènent les marchands et où descendent aussi les voyageurs. On voit aussi à Constantinople des cabarets; mais ils sont tenus par des juifs.

Si les Turcs savaient mieux profiter de la situation avantageuse de leur capitale, le commerce y serait bien plus florissant qu'il n'est; mais ils sont apathiques et paresseux; ce qui explique comment, sur une population qu'on évalue à six cent mille habitants, il y en ait près de trente mille qui reçoivent chaque jour des secours de la bienfaisance publique. Les hôpitaux, mosquées et couvents de derviches possèdent des revenus immenses;

ce qui les met à même de distribuer des aumônes considérables.

Mais j'oublie de parler des palais impériaux. Celui qu'occupe le sultan forme une ville particulière, et est situé à la pointe du nord-est de Constantinople. On prétend qu'il a été construit à l'emplacement de l'ancienne Bysance, par Mahomet II, dans une position ravissante. Il renferme des jardins, de nombreux édifices, tels que le trésor, qui contient de grandes richesses, l'hôtel des monnaies, le harem, où sont les femmes du prince, les appartements de ce dernier, la salle du trône, l'étendard du prophète, qu'on dit provenir de Mahomet, et qu'on déploie dans des circonstances extraordinaires pour appeler sous les armes ce peuple énervé et singulièrement déchu de son ancienne énergie. Ce palais, ou sérail par excellence, est entouré d'un mur ; la porte principale s'appelle la *Sublime Porte*, ce qui signifie la cour ou l'état lui-même. Du côté de l'ouest de ce palais se trouve la mosquée de Sainte-Sophie. L'ancien palais des Blaquernes est situé à la pointe occidentale de la ville ; celui qui porte le nom de Vieux-Sérail, et où loge le commandant des troupes, se trouve presque au milieu de la ville, dans le voisinage de la mosquée Suleimanie ; il est vaste et renferme dans son enceinte de fort beaux jardins.

Constantinople est le siége d'un archevêque grec schismatique, d'un archevêque arménien, et, depuis quelques années, d'un évêque catholique ; les juifs y ont aussi un grand rabbin. On voit, le long du canal, entre Galata et les eaux douces, en face du fanal, de vastes bâtiments servant d'arsenal, de chantiers de construction aux vaisseaux, et dans lesquels on renferme le matériel de la marine. La ville possède plusieurs belles casernes ; mais celle qui est située sur le canal de la mer Noire, au faubourg de Péra, occupée par les canonniers, et appelée Trop-Hanè, présente un magnifique coup-d'œil. La ville elle-même est entourée d'un double mur garni de fossés et flanqué de tours. Elle a plusieurs faubourgs considérables, qui pourraient passer pour des villes. Celui de Galata, situé sur le port en face du sérail, sert de séjours aux négociants ; celui de Péra est habité par la diplomatie. Comme les chrétiens ne peuvent point se mêler avec les mahométans, on leur a assigné un quartier particulier. Péra, situé sur une hauteur, domine tous les environs, même une partie de la ville. Le faubourg dit Saint-Démétri, occupé par les Grecs, est situé derrière Galata et Péra, et s'étend sur les hauteurs environnantes.

Le faubourg d'Aïoub, situé au nord-ouest de la ville, sur le port, est ainsi appelé du nom d'un compagnon de Mahomet, qui y fut tué en 672, lorsque les Sarrasins assiégèrent Constantinople. Abou-Aïoub était celui qui avait donné asile au prophète, lorsqu'il s'était sauvé à Médine. A sa mort, il fut enterré près des murs, et son tombeau est encore en grande vénération chez les Turcs, qui y ont construit une mosquée. C'est là que les empereurs vont ceindre l'épée lorsqu'ils prennent possession du trône.

Sur la rive asiatique, vis-à-vis Constantinople, est située la ville Scutari, qui est fort commerçante, et où se réunissent les négociants d'Asie. Sa population s'élève à trente-cinq mille âmes. On y remarque un cimetière qu'on regarde comme le plus vaste de l'empire turc. Elle renferme un grand nombre de belles maisons; on y remarque une grande variété de costumes européens et asiatiques.

Que de choses le voyageur aurait encore à enregistrer s'il voulait rendre compte à ses jeunes lecteurs de toutes les impressions qu'ont produites sur lui les curiosités de cette cité ! Il existe un *Atlas des promenades pittoresques dans Constantinople,* etc., et dont la lecture m'avait, avant de parcourir cette grande ville, servi de guide pour diriger mes excursions. Cet ouvrage remarquable joint à la fidélité des détails le mérite de peindre avec une parfaite ressemblance les lieux et édifices qu'il décrit. Il sort des ateliers d'imprimerie de Didot l'aîné, 1817.

CHAPITRE V.

UNE RENCONTRE.

Un jour je venais d'errer sur le plus grand cimetière de Scutari, au milieu du cyprès, considérant les pierres funéraires et autres monuments qui ornent ce lieu, lorsque je fus joins par un individu en costume turc, mais qui me salua en langue française. Une telle rencontre, à cinq cents lieues de son pays, est une chose assez frappante et provoque nécessairement la curiosité. Je m'informe de la patrie de cet homme, qui avait reconnu à mon costume que j'étais français, et j'apprends qu'il descendait d'une ancienne famille de la Lorraine qui s'était expatriée au moment de notre première révolution, avait d'abord habité l'Autriche, puis la Modalvie, et enfin la ville de Scutari, où elle s'était appliquée au commerce. Quelques entreprises qu'elle fit n'ayant pas répondu à son attente, le chef de cette famille établit une auberge qui prospéra bien, et qui est encore de nos jours une des premières de cette ville. — L'aubergiste m'engage donc à l'accompagner chez lui : je le suis, et je trouve en effet une maison montée à l'européenne, et où tout annonce une certaine aisance. J'y passe d'abord une journée, puis j'y reviens et il s'établit bientôt une espèce d'intimité entre nous. J'y vois de même quelques Turcs, qui y viennent pour affaires, et je profite de leur présence pour m'informer d'une foule d'usages qu'il n'entre pas dans mon plan d'énumérer ici.

L'un de ces musulmans, homme éclairé, paraît surtout me prendre en affection, et, ce qui est fort rare dans ce pays de despotisme, me faire mille confidences sur l'état de l'empire, sur les finances, les lois, réclamant toutefois mon silence, ce que je n'ai pas eu de peine à lui promettre. Je le presse de mille questions, et je désire surtout savoir ce qu'il pense de la religion de Mahomet; il me répond :

Le mot *Koran* signifie lecture, et les mahométants désignent par-là non-seulement l'ouvrage entier, mais aussi chaque chapitre en particulier. Le Koran est aussi appelé *Livre* par excellence, et divisé en cent quatorze chapitres, qui sont plus ou moins longs, selon l'importance du sujet dont il est question. Chaque chapitre a un titre particulier, mais le sujet correspondant à ce titre est quelquefois assez éloigné de son commencement, quelquefois même à la fin. Pour préserver ce livre de toute altération, on a poussé le scrupule jusqu'à en compter les versets, les mots et les lettres ; il s'y trouve six mille versets, soixante dix-sept mille six cent trente-neuf mots et trois cent vingt-trois mille paroles. Il y a dans le Koran vingt-neuf chapitres qui offrent la particularité de commencer par certaines lettres de l'alphabet, quelques-uns par une seule, d'autres par plusieurs. Les mahométants croient que ces lettres sont des marques particulières qui cachent de profonds mystères dont l'intelligence n'a été communiqué à aucun mortel, sauf à leur prophète. On cite entre autres ces mots : *Allah, Gabriel, Mahomet*, comme qui dirait : Dieu est l'auteur, Gabriel le révélateur, et Mahomet le prédicateur du Coran. A se prononce du gosier, comme étant le principal organe de la voix; de même Dieu est le commencement de toutes choses. Le style du Koran étant très-pur et très-élégant, on regarde cette perfection comme au-dessus des forces humaines et comme un miracle permanent, indiquant l'origine céleste de ce livre : il est animé par des expressions fleuries, par des figures hardies, et, quand il s'agit de décrire la majesté et les attributs de Dieu, il s'approche du sublime. Il est écrit en proverbes, et les sentences se terminent par des rimes redoublées.

Le Koran étant la règle de la foi et des devoirs des mahométants, il n'est pas étonnant de voir que le nombre de ceux qui l'ont expliqué et commenté soit fort grand. Ils distinguent ce que ce livre contient d'allégorique et de littéral. L'allégorique renferme des passages obscurs, paraboliques et énigmatiques. Pour expliquer ces passages, il faut être instruit dans la tradition, connaître le temps, les circonstances, l'état des choses, les raisons et les cas particuliers où chaque passage a été écrit.

Le point fondamental sur lequel Mahomet a bâti sa religion est celui-ci : que, depuis le commencement du monde jusqu'à sa fin, il ne doit y avoir qu'une seule véritable religion qui consiste, quand à la foi, dans la connaissance d'un seul vrai Dieu et dans la confiance et l'obéissance aux prophètes qu'il doit envoyer de temps en temps pour déclarer sa volonté aux hommes, et, quant à la pratique, dans l'observation des lois éternelles et immuables du juste et de l'injuste et de quelques autres préceptes et cérémonies que Dieu a jugé à propos d'établir.

Mahomet donna à cette religion le nom d'*Islamisme*, mot qui signifie résignation ou soumission aux ordres et au service de Dieu. La partie qui regarde la foi consiste à croire *qu'il n'y a qu'un seul et vrai Dieu et que Mahomet est son prophète ;* qu'il y a des anges ; qu'il faut croire aux écritures, aux prophètes, à la résurrection, au jour du jugement ; enfin, aux décrets absolus de Dieu, qui a prédéterminé tant le bien que le mal. — Les points qui regardent la pratique et la morale sont : la prière, qui comprend les ablutions ou purifications nécessaires avant la prière ; les aumônes ; les jeûnes ; le pèlerinage à la Mecque. Les musulmans regardent les anges comme ayant un corps pur et subtil, créé de feu; ils croient que les uns adorent Dieu en différentes postures, que d'autres chantent ses louanges, que d'autres intercèdent pour le genre humain, que quelques-uns sont employés à écrire les actions des hommes, et d'autres à porter le trône de Dieu. Ils admettent quatre anges comme étant plus en faveur auprès de Dieu; que les autres : Gabriel, l'ange de révélation, occupé à écrire les décrets de Dieu; Michel, l'ami et le protecteur des Juifs; Azrael, l'ange de la mort; et Israfil, dont l'emploi sera de sonner de la trompette au jour de la résurrection.

Le diable, appelé par Mahomet *Eblis* à cause de son désespoir, était un de ses anges. Outre les anges et les démons, le Koran enseigne qu'il y a encore un ordre intermédiaire de créatures appelées génies, créées aussi de feu, mais d'une nature plus grossière que celle des anges; puisqu'ils mangent, boivent et sont sujets à la mort. Mahomet prétendait qu'il avait été envoyé pour sauver les génies aussi bien que les hommes.

Suivant une tradition mahométane, le nombre des prophètes que Dieu a envoyés n'est pas moindre de deux cent vingt-quatre mille; que tous ces prophètes en général ont été exempts de grands péchés; qu'ils ont tous professé une même religion, savoir l'islamisme, quoique leurs lois et leurs institutions n'aient pas été les mêmes. Au nombre de ces prophètes, il compte Adam, Seth, Loth, Ismael, Nun, Josué. Mahomet a reconnu l'autorité divine du Pentateuque, des Psaumes et de l'Evangile ; il en appelle souvent à la conformité du Koran avec ses écrits et ceux des prophètes, comme étant des preuves de sa mission.

Le second article de foi du Koran est la croyance du jugement et de la résurrection. L'opinion des mahométans concernant cet article est que, lorsqu'un corps est mis dans le tombeau, il est reçu par un ange qui lui annonce la venue de deux anges examinateurs. Ceux-ci sont noirs et livides ; ils se nomment *Monker* et *Nakir*. Ils l'examinent sur la foi, tant par rapport à l'unité de Dieu que par rapport à la mission de Mahomet. S'il répond d'une manière satisfaisante, ils permettent que le corps repose en paix ; mais s'il répond mal, ils le frappent sur les tempes avec des massues de fer. La persuasion de cet examen sévère n'est pas seulement fondée sur une tradition ; mais le Koran y fait allusion sans en parler directement.

Par rapport à l'âme, ils croient qu'après avoir été séparée du corps par l'ange de la mort, d'une manière douce quand il s'agit d'un homme de bien, et d'une manière violente quand il s'agit d'un méchant, elle entre dans l'état qu'ils nomment l'intervalle entre la mort et la résurrection. Ils distinguent trois sortes d'âmes : celle des prophètes, celles des martyrs et celles des autres fidèles. Il existe une foule d'opinions concernant ces âmes et le sort qu'elles subissent. Le temps où aura lieu la résurrection a de même donné lieu à bien des conjectures qu'il serait trop long d'énumérer. Les interprètes du Koran disent que l'archange Gabriel tiendra une balance d'une grandeur si énorme, que ses deux bassins, dont l'un sera suspendu sur le paradis et l'autre sur l'enfer, pourraient contenir le ciel et la terre. Après l'examen des œuvres de chacun, toute l'assemblée traversera le pont *Al Sirat*, les élus prendront le chemin qui est à droite, et les damnés celui qui est à gauche. Mahomet a décrit dans le Koran et dans ses traditions les divers tourments de l'enfer, consistant dans une alternative de chaleur et de froid. Les joies du paradis consistent dans tout ce qui peut charmer les sens : chants, habits magnifiques, festins, etc.

La prière est le premier des quatre points fondamentaux de pratique enseignée dans le Koran. Il comprend les purifications, ou ablutions légales. Ces purifications sont de deux sortes ; l'une qui est l'immersion totale du corps, l'autre qui consiste à laver le visage, les mains et les pieds. La première est d'usage dans quelque cas extraordinaires, l'autre est commune avant la prière. La circoncision a lieu entre l'âge de six à seize ans, pour que les enfants soient à même de comprendre le sens de cette cérémonie. Mahomet regardait la prière comme un devoir si nécessaire, qu'il l'appelait *le pilier de la religion, la clef du paradis*. Les musulmans sont obligés de prier cinq fois par jour : le matin avant le lever du soleil, après le coucher de cet astre et au commencement de la nuit. Comme le Koran insiste beaucoup sur l'observation des temps marqués pour la prière, les *muedhins*, ou crieurs, avertissent le public du haut des minarets, et alors tout bon musulman adore le Seigneur. Il faut tourner le visage du côté de la Mecque ! en se prosternant le front contre terre.

Les aumônes sont surtout recommandées par le Koran. La loi veut qu'on la fasse de cinq sortes de choses : du bétail, de l'argent, du blé, des fruits et des marchandises.

Le jeûne est le troisième point des pratiques religieuses ; il y en a de trois degrés. Les mahométans sont obligés de jeûner pendant tout le mois de Ramadan. Pendant tout ce temps, ils ne mangent point depuis le lever du soleil jusqu'au coucher. Ils observent cet ordre si scrupuleusement qu'ils ne s'en permettent pas la moindre infraction. Les voyageurs et les malades sont seuls dispensés de ce jeûne.

Le pèlerinage de la Mecque est aussi un point regardé comme tellement essentiel, que, suivant une tradition de Mahomet, il vaudrait autant mourir juif ou chrétien que mourir musulman, sans avoir vu une fois le temple de la Mecque. Les femmes même ne doivent se dispenser de ces devoirs. Ce voyage est accompagné de différentes cérémonies, comme de la prise de l'habit sacré, de l'ordre de la marche, du silence à garder en route, de l'entrée au temple, des sacrifices, de la tête qu'on se fait raser dans la vallée de Mina.

L'usage du vin et de toutes les boissons enivrantes est défendu en plusieurs endroits du Koran. L'opium et le beng (espèces de pilules faites de feuilles de chanvre), sont aussi proscrits. Le jeu est de même défendu dans le même endroit du Koran qui proscrit le vin. Mais ces deux défenses sont éludées par les mahométans; car, parmi les Turcs, le peuple surtout joue souvent, et boit aussi du vin. Le Koran défend de même de manger du sang, de la chair de cochon, et de celle offerte aux idoles, et en général de celle d'un animal étranglé, tué par une chute, par coup imprévu ou par un autre animal.

Il me resterait beaucoup de choses à dire sur la loi civile des musulmans, fondée sur le Koran, sur les lois et priviléges concernant l'union des époux, les héritages, les contrats particuliers, le meurtre volontaire et involontaire, le vol, la peine du talion, la punition des fautes peu considérables, la guerre contre les infidèles; mais comme ces choses regardent plutôt la vie civile que la religion, je les passerai sous silence.

Les anciens arabes avaient coutume d'observer comme sacrés quatre mois de l'année qui étaient le premier; cinquième, septième et douzième de l'année; le Koran a confirmé cet usage; il consacre aussi un jour particulier de la semaine, destiné à rendre un culte particulier à Dieu, c'est le vendredi des chrétiens. Les deux principales fêtes des mahométans sont les *Beïrams*; la première est celle qui suit immédiatement le jeûne de Ramada, la seconde est celle du sacrifice, lorsque les pèlerins immolent les victimes dans la vallée de Mina. Ces fêtes sont célébrées avec plus ou moins de solennité par les différentes nations qui suivent l'islamisme.

Ici le musulman s'arrêta, et quoique je lui adressasse encore une foule de questions, il crut ne pouvoir entrer dans de nouveaux détails sur la religion; mais je pus juger que sa conviction n'était pas très-profonde; car il paraissait faire peu de cas de certaines observances et reconnaître le néant des doctrines de Mahomet. Je le quittai pour retourner à mon auberge.

La ville de Constantinople avait produit sur moi une si grande impression que mille pensées diverses se croisaient en tout sens dans mon esprit. A l'aspect de ces rues affreuses, de ces huttes appelées maisons, constructions, en bois, si chétives, de ce pavé détestable, de ces voies étroites où trois à quatre personnes peuvent à peine marcher de front, de ces chaussures annonçant le rang et la nation des gens (les croyants se chaussent en jaune; les rayas, chrétiens sujets turcs, en rouge, et les juifs en bleu); à la vue de ces bâtiments dont ceux du grand-seigneur sont peints en blanc, ceux des émirs en vert, ceux des simples Turcs en rouge, et ceux des rayas en gris; de ces horribles chiens errant sans maîtres dans les rues, de ces *kotschi*, voitures longues et étroites, de ces *arabas*, chariots couverts et attelés de deux bœufs ou de deux chevaux, de ces marchands de sorbets, pâtissiers, lapidaires, de ces marchands de pipes, de vieux habits, de citrons, d'oranges, de poissons, etc.; en observant enfin tout ce qui se passait sous mes yeux, je ne pus me défendre de pénibles pensées surgissant à mon esprit. Je fus frappé en voyant le monopole que l'autorité des musulmans exerce dans la Turquie d'Europe sur les chrétiens six fois plus nombreux qu'eux et distingués d'eux par leur langue, leur religion et tous les éléments qui constituent l'état social. Les Turcs ne saluent point les chrétiens, ne les jugeant pas dignes d'être soldats, et ne les emploient qu'en qualité d'interprètes. Le pouvoir civil et militaire est administré par les pachas, la justice par les cadis, les affaires religieuses par les muftis. L'administration est partiale et expose les chrétiens à toutes sortes d'avanies; car, à bien considérer les choses, on dirait qu'il y a en Turquie deux justices, l'une pour les musulmans et l'autre pour les chrétiens. Le même délit est quelquefois puni de mort chez les derniers et à peine repris chez les autres. En matière de religion, cet abus est beaucoup plus défavorable : les pauvres chrétiens payent dès leur jeunesse l'impôt personnel, et les Turcs en sont exempts. Toutes les places sont vénales, ce qui est une source d'horribles exactions, l'administration étant ainsi mise chaque année à une espèce d'enchère où le plus offrant l'emporte, sauf à lui à rentrer dans ses avances. La plupart des fonctionnaires ne savent ni lire ni écrire, et se contentent, comme cela se pratiquait, au moyen âge, partout en Europe, d'apposer leur sceau au bas des pièces, à la place de la signature. Ceux qui administrent la justice en Turquie, n'ont point, comme chez nous, de jours et d'heures d'audience; chaque musulman peut, à toute heure, se présenter chez eux; mais il n'en est pas de même pour les rayas qui trouvent plus de difficulté et ont souvent tort. Il n'existe en Turquie ni poste aux lettres, ni routes bien entretenues, ni cet esprit de nationalité et de spéculation qui, chez nous, enfantent tant de choses; on enfouit souvent les capitaux, de peur que l'apparence de la richesse n'exposent ceux qui en sont en possession à des revers. Comme la perception des impôts est abandonné à l'arbitraire, il suffit de passer pour être riche et de jouir d'une certaine fortune, pour s'attirer de grands désagréments; la médiocrité seule préserve des mauvais traitements. Comme le Koran est la loi suprême des Turcs, et que les idées religieuses président à tous les actes de la vie politique, ce peuple ne connaîtra jamais les bienfaits d'une vraie civilisation, et restera toujours stationnaire sans participer à ce mouvement qui se fait toujours sentir ailleurs. Les préjugés des musulmans contre le christianisme sont tels, que le moindre d'entre eux accable de mépris le chrétien, lors même que ce dernier lui rend des services essentiels et lui prouve qu'il lui est supérieur. Il faut cependant faire observer que, de nos jours, les voyageurs ne sont plus, comme autrefois, exposés aux insultes de la populace fanatique turque, une certaine politesse a remplacé cet instinct brutal et grossier qu'on lui reprochait; les chrétiens n'entendent plus retentir à leurs oreilles le nom de *chiens* qu'on leur donnait autrefois, une certaine politesse a remplacé ces manières sauvages; mais ce que j'ai vu avec plaisir, c'est le respect qu'on professe encore en Turquie pour le nom français. On regarde notre patrie comme plus avancée en civilisation et plus puissante que les autres nations, et cette idée ne contribue pas peu à nous grandir aux yeux du peuple. La Turquie n'est plus de nos jours qu'un cadavre, qui tombera en poussière dès que l'europe le voudra.

CHAPITRE VI.

RHODES.

Le séjour de Constantinople, qui m'avait d'abord vivement intéressé, finit par me désenchanter tout-à-fait. Plus je pénétrai dans la vie intime du peuple turc, et plus j'acquis de certitude que tôt ou tard, peut-être bientôt, cet empire, battu par tant d'endroits à la fois, s'écroulera; on peut bien, pendant quelques temps encore, étager des ruines, mais leur chute paraît d'autant plus imminente, que le bélier des idées de civilisation moderne, appliqué aux fondements de l'édifice même, finira par le miner; la croix couvrira le croissant, et cette gloire sera peut-être réservée un jour au nouveau royaume grec, si celui-ci pouvait se ranger sous la bannière de l'unité catholique.

Je venais de passer un mois à Constantinople, et je soupirais après le moment de m'embarquer pour la Palestine. Enfin ces vœux s'accomplirent : nous partons, c'est encore un vaisseau marchand qui va me conduire dans la Terre Sainte. Le vent est assez favorable, la mer un peu houleuse. Nous revoyons les endroits que j'ai déjà décrits, et, faisant assez régulièrement cinquante lieues dans vingt-quatre heures, nous regagnons l'archipel et nous nous dirigeons sur Rhodes.

Cette île tient son nom du mot grec Ροδον, *rose*, et elle le mérite en effet; car elle est jetée là comme une rose à l'entrée de l'Archipel. Elle tient en même temps à l'Europe et à l'Asie, et elle est comme le port obligé où relâchent les vaisseaux qui vont en Palestine et en Egypte. Son climat tempéré en fait un séjour délicieux. Rhodes vit Cicéron, Pompée et Tibère; les Perses s'en emparèrent sous le règne du faible Honorius. Elle fut prise par les musulmans en 647, reprise par les Grecs, et passa enfin sous la domination des Vénitiens en 1203. Après la prise de Ptolémaïs par le sultan d'Egypte, les chevaliers de l'ordre de Saint-Jean-de-Jérusalem allèrent chercher un asile dans l'île de Chypre; mais ils n'y purent rester longtemps, l'île de Rhodes leur convenait; elle était alors occupée par les Grecs et les Turcs. Les premiers la possédaient, mais les seconds en étaient plus maîtres qu'eux. Le grand-maître des chevaliers, Foulque de Villaret, alla trouver le pape Clément V et le roi de France, Philippe-le-bel, réunis à Poitiers pour s'occuper de l'extinction de l'ordre des Templiers. Il leur fit sentir de quelle importance serait, pour les Croisés, la possession de l'île de Rhodes. Le pape et le monarque français accueillirent cette idée, et le souverain pontife remit à Villaret quatre-vingt-dix mille florins, afin de le mettre en état d'armer des vaisseaux pour conquérir cette île. Après une bataille sanglante, Rhodes fut conquise le 13 d'août 1310. Cette conquête rehaussa de beaucoup l'éclat des chevaliers, qui devinrent même une puissance assez forte pour exercer de l'influence sur les affaires de l'Europe. Ils la conservèrent à peu près deux siècles, et la rendirent à Soliman II, le 25 décembre 1522, et Charles-Quint leur donna l'île de Malte.

Cette île (Rhodes), si célèbre dans l'antiquité par ses richesses, sa haute civilisation et par les lois qui la régissaient, n'est plus qu'une ombre de ce qu'elle fut autrefois. On ne peut y faire un pas sans rencontrer quelques traces de la gloire des chevaliers. Elle est encore importante par les restes des fortifications de sa capitale, qui porte aussi le nom de Rhodes, et qui paraît être construite à une petite distance de l'emplacement de l'ancienne ville, célèbre par son fameux colosse, statue d'Apollon, ouvrage que les anciens regardaient comme une des sept merveilles du monde. Un tremblement de terre renversa cette magnifique statue (l'an 222 avant Jésus-Christ), dont les dimensions étaient telles qu'on put charger neuf cent chameaux de ses débris. Une rue m'a particulièrement frappé dans la ville de Rhodes, c'est celle dite des Chevaliers, avec ses maisons gothiques, sur les murailles desquelles on voit encore peintes les armoiries des anciennes maisons d'Italie, d'Allemagne, d'Espagne, de France et d'Angleterre, que les musulmans ont respectées, comme pour rendre hommage à la valeur héroïque des anciens chevaliers. Le palais occupé autrefois par le grand-maître de ces vaillants héros est, de nos jours, converti en prison.

Au fond du port, on voit s'élever un mur flanqué de deux tours, dont l'une est supposée occuper la place d'un des pieds du colosse. De loin, cette ville offre un aspect fort gracieux; on dirait qu'elle sort du sein des ondes avec ses minarets, dont les flèches s'élancent si élégantes du milieu de ses mosquées blanches. Le court séjour que nous fîmes dans cette île délicieuse fut cependant assez long pour me faire juger de la fertilité de son sol et de la douceur de son climat. On prétend qu'il ne s'y passe pas un jour sans que le soleil n'y paraisse. On n'y rencontre pas d'animaux malfaisants, point de rivière, mais une infinité de sources. On y voit des forêts de palmiers, de platanes, de figuiers, de sycomores, de courabiers; le tabac, le coton, la canne à sucre, avec toutes les autres céréales, y viennent facilement; toutes sortes d'arbres fruitiers y réussissent dans quelques jardins qu'on y a rétablis depuis peu.

Cette île, qui pourrait nourrir cent mille habitants, n'en contient pas vingt mille, à ce qu'on m'a assuré; cette belle et riche nature est négligée par l'apathie des Turcs, qui restent groupis dans une honteuse misère, au lieu d'exploiter les trésors que la terre leur offre.

J'ai voulu visiter la plaine sillonnée de ravins où la tradition du pays place la scène du serpent que le chevalier Dieudonné de Gozon tua, et dont j'ai vu les armes sculptées en bas-relief sur la maison que ce brave habitait. Ce fait, que les gens du pays racontent avec une grande naïveté, est traité de fable; mais, à Rhodes, il n'est point permis de le révoquer en doute sans s'exposer aux huées du peuple.

A mon retour, je vis, couchés dans un cimetière, sur un gazon verdoyant et à l'ombre de magnifiques platanes, un groupe de musulmans, fumant et racontant quelques scènes de la vie de leurs amis, dont ils foulaient les corps. A les voir immobiles sur ces tombes, on les aurait pris pour des statues, si la fumée de leurs pipes et le léger murmure de leurs paroles ne les eussent trahis. — Quel peuple pour lequel la tombe a tant de charmes! — Comme d'après une ancienne tradition, Rhodes doit être reprise un vendredi par les Français, les Turcs ont soin de fermer les portes de cette ville pendant qu'ils font leurs prières à la mosquée tous les vendredis, pour ne point l'exposer à ce malheur.

La vie que mènent les Rhodiens turcs n'est point troublée par la crainte qui agite quelquefois ceux qui sont plus voisins de Constantinople; ici, plus que partout ailleurs, on savoure les délices de cette existence paisible, mélange du repos du corps et de l'âme, de cet état de douce mélancolie, de langueur et d'indolence, où l'âme s'abandonne à ces rêveries que les musulmans recherchent au milieu des jouissances que procurent leur tabac parfumé, le café de Moka et une légère portion d'opium. Rhodes serait un paradis, si cette île, si belle et si fertile, était cultivée par des européens actifs et intelligents.

CHAPITRE VII.

CHYPRE.

En nous éloignant de l'île de Rhodes, nous cinglâmes vers les côtes de l'île de Chypre, où quelques passagers que nous avions pris à bord comptaient descendre. La navigation, d'abord fort heureuse, fut interrompue tout-à-coup ; un calme plat nous arrêta. Derrière nous, sous un ciel d'or, nous voyions encore les cîmes bleuâtres des montagnes de Rhodes, surtout deux crètes qui paraissaient à l'horizon comme des donjons élevés pur les mains de la nature. Nous fûmes là comme enchaînés sous un soleil brûlant, et nos matelots, grecs pour la plupart, passèrent tout-à-coup de la gaîté la plus bruyante à un abattement offrant le plus singulier contraste avec ce que je venais de voir quelques instants auparavant. Tel est le caractère de ce peuple, qu'il passe de la joie à la tristesse avec une légèreté et une facilité étonnantes ; on dirait que rien ne le touche fortement, et que la mobilité est en lui une qualité essentielle. Les uns jetèrent tristement la pipe pour prendre le chapelet ; d'autres s'agenouillaient sur le pont devant une image de la sainte Vierge ; d'autres se tenaient pensifs à l'écart, regardant de côté et d'autre, étendant à tout instant la main pour se convaincre si le vent soufflait ou non ; on eût dit qu'ils tâtaient le pouls au temps ; d'autres secouaient la tête et faisaient des grimaces, et cependant nous n'éprouvâmes d'autre désastre que celui d'un retard de quelques heures.

Enfin, sur le soir, le vent commença à souffler un peu ; le temps était beau ; l'air doux, et nous continuâmes notre route vers l'île de Chypre, que les poètes ont embellie de leurs fictions. Je ne pus prononcer le nom de cette île, autrefois si célèbre, sans me rappeler une des plus grandes injustices des Romains, que, parce qu'on avait répandu dans Rome qu'Alexandre, fils d'un frère de Ptolémée Lathyre, roi d'Egypte, et envoyé par Sylla dans ce pays pour y régner avec Cleopâtre, fille dudit Ptolémée, avait, en mourant, légué au sénat et au peuple romain ses droits à la succession de l'Egypte et de l'île de Chypre, s'en emparèrent. César, qui voulait faire valoir ce testament, vrai ou supposé, échoua d'abord dans cette affaire. Catulus, un des censeurs de Rome, s'y étant opposé. Mais on la reprit plus tard, et Claudius proposa une loi pour réduire cette île en province romaine. Il jeta en même temps les yeux sur Caton pour exécuter cette mesure odieuse et détrôner le roi de Chypre. Ce monarque, qui n'avait ni flotte ni armée à opposer à la puissance romaine, ne songea pas à combattre, mais à mourir: il eut d'abord la pensée de se venger des brigands qui le dépouillaient, fit charger ses trésors sur quelques vaisseaux, s'avança en mer dans le dessein de les couler à fond et de se noyer avec tout ce qu'il possédait; mais il aimait trop son argent, et il le fit reporter dans son palais. Lorsque Canadius, ami de Caton, se fut présenté dans l'île, le roi s'empoisonna. Caton arriva bientôt après, dressa l'inventaire des trésors et vendit les meubles et les bijoux du roi. Ainsi fut réduite au pouvoir des tyrans du monde une contrée sur laquelle ils n'avaient aucun droit.

Après avoir subi différentes révolutions, cette île fut érigée, sur la fin du douzième siècle, en royaume, que Richard, roi d'Angleterre, donna à Guy de Lusignan, auquel Saladin venait d'enlever le trône de Jérusalem. Ce nouvel état subsista trois cents ans, sous dix-sept rois, jusqu'à ce qu'il tomba, par domination, entre les mains des Vénitiens. Chose singulière que l'histoire des peuples ! Cette île, qui, du temps des Grecs, possédait un des temples les plus célèbre de l'univers, celui de Vénus, à Paphos, des sanctuaires consacrés aux Grâces et à toutes ces divinités riantes de la Mythologie, fut, plus tard, au pouvoir d'un gentilhomme français, de marchands vénitiens, et n'offre plus, de nos jours, que des ruines. Elle est cependant une des plus grandes et des plus fertiles de la Méditerranée ; mais à présent elle ressemble presque à un désert. On dit que sa capitale, Nicosie, que les Turcs appellent *Léfkoscha*, renferme une population d'à peu près douze mille habitants, avec quelques édifices assez remarquables ; je n'ai pu la voir, nous ne nous sommes arrêtés que quelques heures à Larnaka, petite ville de cinq à six mille âmes, mais importante par son port, son commerce et quelques salines. Le vin de Chypre passe pour un des meilleurs de ces îles. Les habitants en font un certain commerce, et le gardent dans des tonneaux qu'ils déposent dans des souterrains ou des grottes profondes, afin qu'il y vieillisse et acquière ainsi plus de prix. Le climat m'a paru brûlant dans ce pays, qui abonde en gibier ; ses productions sont les mêmes que celles des îles environnantes. J'aurais voulu voir Amathonte, Paphos, la montagne d'Idalie, chantée par Virgile.

J'ai surtout admiré les beaux melons qu'on nous présenta à acheter, ou plutôt qu'on nous donna presque pour rien, tant ce fruit délicieux est commun dans cette île. J'y mangeai aussi d'excellentes dattes, des grenades, des pastèques, dont j'emportai une petite provision, ne prévoyant pas que je dusse trouver tout cela en Palestine.

Comme le vent était favorable, nous repartîmes, cinglant en pleines voiles vers les côtes d'Asie ; mais tout-à-coup le vent tomba un peu ; et la nuit descendit à pas lents sur la mer. Pour mieux jouir du spectacle de cette nuit si belle, je restai sur le tillac; m'appuyant contre des ballots de marchandises qui y étaient déposés. Mes pensées erraient comme les vagues de l'élément tranquille; je préparai mon âme aux douces impressions que devaient y produire les lieux que j'allais visiter. Déjà je voyais, en esprit, cette Jérusalem, objet de mes désirs; ce Jourdain, dont le Sauveur sanctifia les ondes en voulant y recevoir le baptême; cette mer Morte, témoin des vengeances du Seigneur; cette Bethléem, berceau de notre salut : ce fut au milieu de ces pensées, de ces aspirations que je m'endormis.

CHAPITRE VIII.

JAFFA. — LE LIBAN. — LE CARMEL.

L'aube commençait à peine à blanchir, que je fus réveillé par les cris de l'équipage : Le Liban ! le Liban ! je me lève en sursaut, mes regards se portent sur les côtes d'Asie, où je vois en effet cette célèbre montagne avec ses lignes bleuâtres, qui semble s'avancer vers nous avec ses vastes contours, ses vallées, ses masses de verdure, ses blanches maisons éparses çà et là ; ce magnifique spectacle était animé par les rayons d'or du soleil levant.

A mesure que nous avançâmes, la terre se découvrait de plus en plus, le panorama grandissait. J'étais là comme pétrifié sur ce pont, du haut duquel je pus compter la pointe de Tyr, ensuite le cap Blanc, Saint-Jean-d'Acre, le mont Carmel.

J'allais donc aborder sur ces mêmes rivages que foulèrent autrefois Godefroi de Bouillon, Tancrède, saint Louis, et cette multitude de héros dont les exploits ont retenti jusqu'aux extrémités du monde civilisé. Le vaisseau, poussé par un vent favorable,

4

se dirigeait majestueusement vers Jaffa ; on eût dit que nous marchions à la conquête de cette ville, tant tout le monde paraissait joyeux. Oh ! qu'il eût été doux pour moi d'aller saluer Antioche, Sidon, Tyr, et les autres endroits ; mais je dus cette fois-ci me borner à des vœux, ne pouvant encore réaliser ce projet.

Jaffa, l'ancienne Joppé des saintes Ecritures, est bâti en amphithéâtre sur la Méditerranée. Vue du côté de la mer, elle offre un aspect assez triste ; mais du côté opposé, elle présente un coup-d'œil ravissant. De magnifiques jardins la resserrent au nord, l'air est parfumé de fleurs d'oranges que le vent pourchasse, et on marche comme sous un berceau formé par les palmiers, les figuiers, les citronniers et d'autres arbres de la plus belle venue. Quelques fontaines en marbre, avec des inscriptions, ont été érigées çà et là par les Turcs, qui vont s'y désaltérer. Mais en entrant en ville le désenchantement commence. Des rues étroites, sales, des minarets blancs, des terrasses crénelées, quelques édifices lourds, une population de quelque mille habitants, un port connu par de fréquents naufrages, voilà Jaffa telle que je la vis en 1836, époque de ce voyage. Elle paraît être là comme la clef, comme le point de transition entre l'Asie-Mineure et l'immense désert qui s'étend derrière elle et qui la sépare de l'Egypte.

Mais que de souvenirs historiques attachés à cette ville ! C'est à son promontoire que la Mythologie attache Andromède. C'est là que Hiram, roi de Tyr, faisait aborder les navires qui conduisaient les bois de cèdre et les marbres destinés à la construction du temple de Jérusalem par Salomon. C'est là que le prophète Jonas s'embarqua pour aller à Tarchich ; le peuple y place même la construction de l'arche de Noé ; c'est aussi là que demeurait saint Pierre lorsqu'il eut la vision au sujet du centurion Corneille dont parle les Actes des Apôtres.

Jaffa figure souvent dans l'histoire des Croisades. Les chrétiens s'en emparèrent pendant le siége de Jérusalem. Elle fut prise et reprise plusieurs fois par les chrétiens et les musulmans : c'est sous les murs de cette ville que le roi d'Angleterre, Richard-Cœur-de-Lion, combattait seul contre une armée de Sarrasins. Saladin, sultan d'Egypte, après avoir emporté, 1186, une victoire éclatante sur les princes chrétiens, près de Tibériade, où Guy de Lusignan, roi de Jérusalem, fut fait prisonnier, s'empara de Naplouse, de Sébaste, de Ptolémaïde, de Sidon, et de plusieurs autres villes, et, l'année suivante, de Jérusalem, prit aussi Jaffa, dont il ruina les fortifications ; mais les chrétiens reprirent cette ville, et saint Louis en fit réparer les murailles plus tard. C'est là que ce pieux monarque reçut la nouvelle de la mort de sa mère, Blanche de Castille, et que son épouse Marguerite mit au monde une fille. Les fortifications de ce grand prince subsistèrent en grande partie jusqu'en 1776, où elles furent détruites par Mahmoud.

En 1799, Bonaparte, en quittant le Caire, marcha vers la Syrie, et arriva sous les murs de Jaffa, qui était défendue par une nombreuse garnison. Au bout de trois jours, la place est investie, la tranchée ouverte, le bombardement commencé. Bonaparte fait sommer le commandant de lui livrer la ville. Pour toute réponse, ce dernier fait couper la tête au Turc parlementaire. Le bombardement recommence, une tour s'écroule sous les boulets, et on est prêt à livrer assaut. Alors s'offre aux soldats français une scène déchirante. Les chrétiens de la ville tendent les bras, leur montrent un crucifix, et franchissent les remparts pour échapper au massacre qu'on y fait de leurs frères. Ils se réfugient dans les rangs de l'armée française. Le combat recommence, les Turcs sont battus et la ville est emportée au milieu d'un horrible massacre.

Après la prise de Jaffa, la peste commença ses ravages. Bonaparte fit établir un hôpital dans la grande mosquée de la ville, et pour rassurer le moral de ses soldats, qui s'effrayaient à la vue de cet horrible fléau, il parcourut les salles des pestiférés, toucha les plaies des malades, en leur disant : » Vous voyez bien, mes amis, que ce n'est rien. » Ce trait dont on connaît l'authenticité, a été représenté dans un magnifique tableau par le peintre Gros.

Le ville de Jaffa possède un couvent de religieux, dits de Terre-Sainte, qui a été construit avec les pierres, dit-on, de Césarée, que le roi Hérode fit bâtir en l'honneur d'Auguste. Ce bâtiment présente plutôt l'aspect d'une forteresse que d'une maison religieuse : ce n'est qu'un amas de pierres; mais, par contre, les hommes qui l'habitent méritent bien ma vive reconnaissance du gracieux accueil qu'ils me firent. Ma qualité de pèlerin eût déjà été un titre à une bonne réception, mais celle de prêtre mit le comble à leurs bontés.

Ces religieux, au nombre de cinq, me reçurent à la porte du monastère, et me conduisirent ensuite à la chapelle. Avec quel délice je m'agenouillai sur ces dalles pour faire monter au trône du Seigneur mes humbles actions de grâce de la protection qu'il m'avait accordé durant ce voyage! Avec quelle joie je vous saluai aussi, ô Marie, vous que les Grecs appellent Πάναγια, la toute sainte, vous que j'avais invoquée chaque jour, et qui m'avez servi de mère pendant ce trajet. Il me semblait que la prière avait plus de charmes sur cette terre que Marie visita aussi, et je ne pus presque m'arracher aux doux entretiens que j'eus avec elle.

Après avoir fait ma prière, je me rendis à la cellule que ces bons Pères m'avaient destinée. C'était une petite chambre fort propre, meublée à l'européenne, c'est-à-dire, renfermant un lit, une petite table et deux chaises. La cordialité des religieux m'a vivement touché : pauvres eux-mêmes, ils trouvaient moyen d'exercer une généreuse hospitalité envers leurs frères chrétiens ; sans rappeler ici la charité qu'ils déploient dans des circonstances extraordinaires, telle que la peste ou d'autres malheurs en ce genre. — Que le christianisme est sublime quand il soulage ainsi l'infortune et qu'il trouve dans la pauvreté même les ressources nécessaires pour faire le bien !

Ce que j'admirai aussi dans cette maison, ce fut, outre l'union des cœurs, cette naïve expansion, cette belle et heureuse gaîté, fruits d'une bonne conscience. On me conduisit bientôt après au réfectoire, où je pris une petite collation, consistant en poissons et fruits délicieux. Enfin, je puis dire que les trois jours que je passai avec ces dignes religieux, doivent être rangés parmi les plus heureux de ma vie.

La fenêtre de ma cellule donnait sur la mer Méditerranée, dont les flots écumants venaient en bouillonnant se briser contre le rivage. J'étais décidé à me rendre au plus tôt à Jérusalem : mais deux des pères, qui comptaient y aller aussi, m'invitèrent à retarder ce pélerinage de quelques jours, s'offrant à m'accompagner : je cédai à leurs instances d'autant plus volontiers qu'ils allaient me servir d'interprètes. Je demandais donc un guide pour explorer, pendant ce temps, la célèbre chaîne de montagnes connue sous le nom de Liban. Je commençai par le mont Carmel, après avoir longé le rivage de la mer, où je vis quelques champs ensemencés, des Arabes fumant, quelques chameaux et quelques rares figuiers J'eus de la peine à monter sur les flancs escarpés de ce mont : je fus obligé de m'asseoir souvent, et je profitai de ces haltes pour considérer, d'un côté, la chaîne de l'Anti-Liban, les plaines de la Palestine, la ville d'Acre, située à mes pieds à trois lieues de là, comme un nid d'oiseaux, et, de l'autre, les montagnes qui s'étendent auprès des ruines de Césarée.

J'allai ensuite visiter les ruines du couvent et de l'église berceau de l'ordre des Carmes. Quelques auteurs ont essayé de prouver que le mont Carmel avait été habité, depuis Elie jusqu'à la venue de Jésus-Christ par des ermites; qu'ils embrassèrent le christianisme et continuèrent leur genre de vie jusqu'au douzième siècle, où le bienheureux Albert, issu d'une famille noble de Castro di Gualteri, dans le diocèse de Parme, leur donna une règle. Mais d'autres écrivains traitèrent de fable cette grande antiquité. Alain, cinquième général des Carmes, voyant la Palestine en proie aux ravages des musulmans, introduisit son ordre dans l'île de Chypre et la Sicile. Saint Simon Stock institua, au milieu du treizième siècle, la confrérie du Scapulaire. L'ordre des Carmes a produit sainte Thérèse ; cette vierge illustre par ses vertus et ses écrits.

Je visitai aussi la grotte de saint Elie. Partout je

ne vis que des ruines, et cette belle montagne présente partout l'image de la mort; elle est là comme appartenant à d'autres temps, à d'autres siècles, couverte, dans certains endroits, de lentisques, d'oliviers sauvages et de quelques autres arbrisseaux. — Mon guide, qui connaissait parfaitement le pays, me fit descendre du côté d'Acre. Je traversai, à une lieue de Caïffa, le torrent de Cison, qui était à sec, et qui prend sa source au mont Thabord, pour traverser ensuite la Galilée méridionale.

Tout-à-coup je fus comme repoussé par une horrible odeur que je ne sus comment m'expliquer. Mon guide me tira d'embarras et m'apprit que cette infection provenait de plusieurs tas de sauterelles que le vent avait précipitées dans la mer et que les flots avaient rejetées sur le rivage, où elles se pourrissaient : ce qui cause tous les ans des maladies dans les environs. Les sauterelles sont, en effet, un des fléaux de ces contrées. Lorsque l'hiver n'est pas assez rude, ces insectes éclosent dans les désert d'Arabie et viennent ensuite, en légions innombrables, se précipiter sur les campagnes de la Syrie, où elles détruisent toutes les herbes, le feuillage des arbres, ne laissant rien subsister. En les voyant arriver, le peuple s'alarme et s'efforce de les chasser, en tirant fréquemment en l'air, en allumant de grands feux, en faisant un bruit discordant avec plusieurs instruments bruyants ; mais l'auxiliaire le plus puissant, c'est le vent sud-ouest, qui les enlève et les jette dans la Méditerranée, ainsi qu'un oiseau nommé Samarsar, qui leur fait la chasse. Une de ces espèces de sauterelles est bonne à manger ; c'est probablement celle dont saint Jean-Baptiste faisait sa nourriture dans le désert.

Au dire de mon guide et des pères du monastère de Jaffa, on remarque trois climats différents dans la Syrie. Les cîmes du mont Liban, couvertes de neige, répandent une certaine fraîcheur dans l'intérieur ; les contrées basses, au contraire, situées le long de la Méditerranée, éprouvent une chaleur humide, malsaine, tandisque les plaines qui avoisinent l'Arabie-Déserte sont exposées, pendant une grande partie de l'année, à des chaleurs étouffantes qui dessèchent tout.

Dans les montagnes, les saisons sont à peu près les mêmes qu'au centre de la France : l'hiver y règne cinq mois et parfois très-dur ; il y tombe souvent une telle quantité de neige, que la terre en est couverte de plusieurs pieds. L'été n'y est plus chaud que dans nos régions tempérées ; mais, dans les plaines la chaleur est accablante pendant quelques mois ; l'hiver, au contraire, y est d'une telle clémence, que les arbres les plus délicats, l'oranger, le dattier et autres y restent en pleine terre.

La Syrie produit les végétaux les plus variés ; la Palestine, des graines oléagineuses ; le maïs et le riz viennent aussi en quelques contrées ; on y a même fait l'essai de la canne à sucre, et non sans succès. Le gibier abonde en Palestine; on y voit surtout des perdrix qui voyagent par bandes, et qui sont si grosses qu'on les tue avec des bâtons. Tous nos animaux domestiques s'y trouvent; mais en outre on y voit des buffles, des chameaux, des gazelles; il n'y a point de loups, mais des chacals, des hyènes et des onces, des lézards, des serpents, des vipères, des insectes venimeux dont les piqûres sont souvent dangereuses. Les mouches et les fourmis y sont en si grande quantité, qu'elles y causent de grands ravages et tourmentent les hommes et les animaux.

Ce pays si riche et si favorisé sous tant de rapports, n'aurait besoin, à tout prendre, que d'autres habitants et d'être placé sous un gouvernement éclairé et juste, pour être un des meilleurs de la terre.

Je poursuis ma course, laissant derrière moi et Nazareth, où le Sauveur passa près de trente ans de sa vie mortelle, et le mont Thabor, qui élève sa cîme sourcilleuse au-dessus des autres montagnes, et Cana, en Galilée, où Jésus-Christ fit son premier miracle en changeant l'eau en vin. Je m'approche du Liban, dont il est souvent question dans nos Livres Saints; je vais voir ces cèdres si fameux dont le bois a servi à la construction du temple de Jérusalem et à l'équipement de tant de flottes, et qui se réduisent de nos jours à un si petit nombre.

La chaîne du Liban présente, comme toutes les grandes montagnes, l'aspect le plus varié, le plus imposant. La nature s'y montre tantôt grande, sévère, majestueuse, tantôt gracieuse, élégante et simple. Du côté de la mer, on dirait un rempart infranchissable, dont les sommets, se perdant dans les nues, annoncent le terme de la terre et ravissent les spectateurs par leurs admirables contours. Mais l'étonnement augmente quand on monte sur une de ces cîmes bleuâtres. — Me voici placé sur un de ces sommets auquel je ne suis parvenu qu'avec peine et après plusieurs heures d'une marche très-pénible. Je suis saisi d'une espèce de frémissement : moi, pauvre ver de terre, devant cette nature colossale ! je suis anéanti ! Je vois autour de moi, par un temps infini un horizon magnifique ; mes regards consternés se portent vers les contrées où sont situées, au nord, Antioche; au sud, Jérusalem; qui s'étend vers la mer Rouge, ensuite la mer Morte, des rochers, des ravins, des coteaux, des villages, des maisons sans nombre s'offrent à ma vue ; le paysage varie à chaque pas ; le contraste le plus frappant enchante et confond, je suis comme rassasié en contemplant ce magnifique spectacle ; et, comme les disciples témoins de la transfiguration du Sauveur sur une montagne voisine, je m'écrie : « Il fait bon ici, ô Seigneur ! »

Cependant l'âpreté de l'air ne permet pas de rester long-temps sur ces hauteurs. Je descends, suivant des chemins rapides, le long d'affreux précipices, et obligé plus d'une fois de me cramponner aux rochers pour ne point rouler dans les abîmes. Ici les sites varient encore à l'infini. J'aperçois des villages assis sur des pentes si rapides qu'on dirait qu'ils vont glisser au fond des vallées ; plus loin, un monastère semble se détacher d'un rocher; dans plusieurs endroits l'homme a disputé le terrain à la nature, et cultivé des champs que lui ont procurés des éboulements causés par les eaux, ou la chute des rochers. Des rangs de vignes ou de mûriers s'élèvent en amphithéâtre en serpentant le long des collines, étendant leurs rameaux en forme de berceaux et produisant le plus bel effet.

Le liban est habité par trois populations différentes. Ce sont les Maronites, peuple vertueux, pieux, poli et brave. Je ne pus me lasser de contempler cette génération d'hommes si bien faits, portant un costume riche, et coiffés d'un turban de diverses couleurs. Ce costume imposant, cette gravité orientale, ces manières nobles et affables donnent à ce peuple un caractère singulier ; on dirait voir ces anciens patriarches dont parle la bible : Abraham, Lot, Job, au sein de leurs familles. Je fus reçu comme un frère par un des chefs, chez lequel mon guide me conduisit, et l'on pourvut avec une noble générosité à tous mes besoins.

Les Druses, autre peuplade, sont idolâtres et adorent un veau. Leur religion est un assemblage bizarre de différents cultes, ou plutôt elle est un mystère; car je n'ai pu, malgré mes demandes, parvenir à la connaître. Ils professent un égal respect pour Moïse, Jésus-Christ et Mahomet; leurs femmes peuvent être revêtues du caractère sacerdotal. Ils exercent aussi l'hospitalité avec un certain bonheur et tiennent de nombreuses écoles. Ils vivent tantôt en paix avec les Maronites chrétiens, tantôt leur font la guerre, selon que les intérêts les y portent.

Les Métualis, formant à peu près le tiers de la population du Liban, sont mahométans de la secte d'Ali, qui est souverain en Perse. Ils portent le fanatisme jusqu'au point de ne jamais boire et manger avec ceux qui ne partagent point leurs croyances religieuses; ils sont du reste hospitaliers.

Outre ces trois peuples, on voit encore un certain nombre de familles grecques, arabes et syriennes, établies au pied du Liban; elles se distinguent par leurs mœurs simples, sont laborieuses, cultivent la terre, et vivent dans une certaine aisance.

Rien n'est plus pittoresque que les massifs de verdure formés par les beaux arbres qui couronnent les plateaux du Liban. L'Asie se produit déjà tout entière dans ces formes gracieuses, tantôt pyramidales, tantôt coniques, dans ces feuilles d'une teinte si variée, d'une largeur différent d'un arbre à l'autre, et qui de loin ressemblent à une riche draperie de dentelles. La terre représente un tapis émaillé de mille fleurs inconnues à notre Europe, surtout de magnifiques renoncules. L'intérieur de ces plateaux est quelquefois semé d'orge, et il n'est pas rare de voir au coin de chaque champ un ou deux palmiers qui prêtent leur ombre hospitalière aux Arabes : quelquefois même le cultivateur a construit sous ces arbres sa demeure ; la vigne erre librement autour du palmier et produit un gros raisain dont le jus sert si bien à étancher la soif du voyageur.

Avec ce champ, l'Arabe possède encore quelques moutons beaucoup plus gros que les nôtres, des chèvres aux longues oreilles, une vache et surtout le cheval, l'ami inséparable de son maître, cet animal intelligent et qui paraît prendre plaisir à voir l'étranger le caressant et lui parlant comme à une vieille connaissance.

C'était le soir. Je venais de parcourir une de ces riantes vallées, semblable à un beau jardin dont la végétation vigoureuse me frappa d'étonnement. Les rochers qui paraissaient l'encadrer étaient couverts d'une mousse épaisse de lierres, de bruyères, de toutes sortes d'herbes odoriférantes, de fleurs brillant comme des rubis au milieu de ce fond vert. L'air était embaumé comme du parfum suave qu'exhalaient de leurs calices des fleurs ravissantes, tout me récréait merveilleusement, et je ne pus assez exprimer mon admiration. Un sentier étroit se détachait du fond de la vallée et me conduisait vers une grotte tapissée de lichens et de quelques arbustes, à l'entrée de laquelle j'aperçus une croix de bois. Je me glisse sous l'étroite ouverture, je pénètre dans cet antre taillé par la nature. Imaginez-vous une caverne d'une forme à peu près ovale, ayant six pieds de profondeur sur dix de hauteur, habitée par un homme d'une taille élevée, d'un aspect vénérable, qui lisait dans un livre, assis sur un banc qu'il paraît avoir lui-même taillé dans le roc.

Au bruit que faisaient mes pieds en franchissant le seuil de sa demeure, il se lève, porte la main au cœur, me salue en mauvais grec, me fait signe d'entrer et me présente son fauteuil rustique; c'est-à-dire, me cède la place qu'il vient de quitter. — Dans un des angles je vis, appuyé contre le paroi du rocher, une natte de jonc roulée, sans doute le lit du solitaire. — Je m'approche en faisant le signe de la croix. Il reconnaît par-là que je suis prêtre, s'agenouille aussitôt et me demande par signe ma bénédiction. Je la lui donne, puis je m'assieds pour me reposer et essuyer la sueur qui ruisselait comme une fontaine de mon front. Nous entamâmes ensuite une conversation qu'il me serait impossible de rendre ici ; car je ne compris pas le quart de ce que me disait l'ermite. Je pus seulement comprendre que cet homme est né en Grèce où il s'était établi fort jeune, dans une grotte semblable, sur le mont Olympe, d'où la dernière guerre des Turcs avec ses compatriotes l'avait chassé. Il paraît heureux au-delà de toute expression. Il m'engagea à passer la nuit chez lui. Je ne sus trop ce qu'il fallait faire, ne voyant pas trop comment mon guide, l'ermite et moi pourrions nous loger dans cette étroite euceinte; cependant je me décidai à céder à ses instances. Il tira ensuite d'un trou, pratiqué dans le rocher, des fruits et la moitié d'un pain noir, mais très-bon, et nous servit ce petit souper avec de l'eau du rocher. La faim qui assaisonnait ces choses, me les fit trouver excellentes ; j'avoue de n'avoir de ma vie bu de meilleure eau que celle-là.

Après le souper, le solitaire se mit en prière ; nous nous prosternâmes, comme lui, au pied du Christ grossièrement sculpté et placé sous un figuier, à côté de la grotte, et nous nous couchâmes ensuite vers le milieu de la nuit, sur la natte déroulée, où nous goûtâmes le repos que rien ne vint interrompre.

Le lendemain, au point du jour, je pris congé de mon hôte et je me dirigeai vers un des nombreux monastères qui couvrent le mont Liban. On porte à deux cents le nombre des maisons religieuses établies sur les flancs de cette célèbre montagne. — Après trois heures d'une marche très-agréable, je me présentai enfin à la porte d'un de ces couvents qui ressemblait plutôt à une ferme qu'à un monastère. La porte me fut ouverte sans façon et je me rendis sur-le-champ à l'Eglise, qui, sans être riche, me frappa cependant par une certaine élégance. Les religieux y étaient encore réunis et psalmodiaient un office. Je m'agenouillai à l'entrée du sanctuaire, joignant mes prières à celles des fervents cénobites qui m'édifièrent singulièrement par leur belle contenance.

Une heure s'écoula dans ce doux entretien avec Dieu, lorsqu'un des religieux vint me frapper sur l'epaule et me fit signe de le suivre. Il me conduisit dans une espèce de sacristie où m'attendait l'abbé du monastère. C'était un homme à peine âgé de cinquante ans, mais dont l'extérieur produisit sur moi une profonde impression. Qu'on se représente un homme de près de six pieds, taille qu'on rencontre souvent dans ces contrées. La candeur et l'innocence étaient peintes sur sa figure mâle et expressive. La régularité de ses traits, sa barbe épaisse, son front que les rides n'avaient pas encore sillonné, ses yeux noirs et brillants, mais doux, enfin toute l'attitude de cet homme, lui donnaient un air vénérable que je ne saurais exprimer. Il parlait un peu italien, ayant, à ce qu'il me dit, appris autrefois cette langue d'un prêtre italien qui avait fait un séjour de plusieurs années dans ce monastère.

Nous nous entretînmes assez long-temps ensemble, et je fus obligé d'admirer la lucidité de son esprit. Il ne manquait point d'instruction; mais le défaut de commerce avec des hommes éclairés ne lui permettait point de cultiver les talents que la nature lui avait donnés. Il me fit voir l'intérieur du monastère; j'entrai même dans quelques cellules qui sont à peu près toutes taillées sur le même modèle; des appartements de quelques pieds carrés, dont l'ameublement consiste en une natte de jonc et un tapis, une bible, quelques rouleaux de papiers servant de livres, sans doute ascétiques, quelques images de saints assez mal peintes et attachées à la muraille, voilà ce que possède chaque religieux en particulier, ou plutôt en communauté; car chacun d'entre eux ne peut prononcer ici le mot *mien* ou *tien*.

Cependant l'heure du dîner était arrivée. Les religieux entrèrent l'un après l'autre au réfectoire. Quelques-uns, sans doute, occupés à la campagne ou à d'autres travaux domestiques n'arrivèrent que long-temps après les autres. Il n'y a point de tables dans cette sale, si non celle pour les étrangers. Chaque convive se tient debout et s'asseoit sur terre pour manger quelques olives conservées dans l'huile avec deux ou trois petits pains ou plutôt des galettes. Moi, je fus servi à part. Du poisson, du riz bouilli, des fruits, du vin dans un amphore, voilà mon dîner.

La vie que mènent ces bons religieux, est partagée entre le travail des mains, la prière, la méditation et le chant des psaumes et des hymnes. Ils cultivent eux-mêmes leurs champs, soignent leur bétail, font la moisson, construisent et réparent leurs demeures; si d'une part leur vie est pénible, de l'autre elle est heureuse; car ces fils de la solitude ne connaissent point cet hideux cortège de soucis, d'agitations, d'inquiétudes qui empoisonnent l'existence de tant d'autres. Eux possèdent ce bonheur que mille autres poursuivent de leurs rêves chimériques et à laquelle ils ne parviennent jamais ; eux sont arrivés au port, ils ne craignent plus les tempêtes ni le courroux des flots. Leur existence s'écoule comme une source limpide ; ils sont entourés du respect et de la considération de toute la population. Et pourquoi n'estimerait-on pas leur vertu si pure, puisque jamais le moindre nuage de soupçon ou d'infidélité à leurs vœux n'est venu planer sur la contrée qu'ils édifient par leur piété et leur sublime charité.

J'appris de la bouche du respectable supérieur, que le nombre des religieux militants sous ses ordres, s'élevait à ce moment à quarante-trois, que très-souvent il est obligé de refuser l'admission de nouveaux candidats qui se présentent pour être admis au monastère, la communauté ayant, comme toutes les autres du pays, adopté pour principe de ne pas recevoir plus de sujets qu'elles n'en peut nourrir, et réservant toujours une certaine quantité de denrées pour parer à des événements imprévus. C'est à ses sages mesures qu'est due la constante prospérité de chaque maison soumise à l'autorité absolue de l'évêque. Il y a sur le Liban vingt couvents de femmes, cinquante d'hommes, mille deux cents prêtres, plusieurs évêques, et quatre patriarches ; la population catholique s'y élève à cent vingt mille âmes.

J'appris de ce digne homme dont le pouvoir modérateur ressemble à cette autorité paternelle que les anciens patriarches exerçaient sur leurs familles et domestiques, que ces peuples professent un certain respect pour les cèdres du Liban, dont ils font remonter l'origine à une haute antiquité, et qu'ils regardent comme une espèce de chronique vivante.

Chaque année, le jour de la Transfiguration de notre Seigneur, les Maronites ont l'habitude de se rendre en très-grand nombre sur la montagne qu'ils appellent des Cèdres. Un autel y est construit, sur lequel le patriarche, accompagné de plusieurs évêques du pays (et il y en a dans chaque village considérable), offre les saints mystères. Cet autel simple et élégant, chargé de fleurs, est dressé sous les cèdres même. Pour préserver ces arbres précieux de toute mutilation, le patriarche a frappé d'excommunication celui qui se permettrait d'en couper une seule branche; ce qui n'a cependant pas empêché bien des gens d'y porter la main.

Ne pouvant prolonger mon séjour dans cette contrée, et me souvenant de la promesse que m'avaient faite deux des religieux de Jaffa, de m'accompagner à Jérusalem, j'eus hâte de retourner dans cette ville, m'exposant ainsi à faire un détour ; mais ce petit désagrément sera compensé par l'avantage de faire ce voyage avec deux hommes connaissant le pays que je vais parcourir.

CHAPITRE IX.

RAMBA. — SAINT JÉRÉMIE.

Mon retour de Jaffa causa une vive joie aux bons religieux qui avaient presque perdu l'espoir de me revoir, mon séjour dans les montagnes s'étant prolongé au-delà du terme fixé. Je fus obligé de me reposer pendant quelques jours, cette excursion m'ayant un peu fatigué; la chaleur était d'ailleurs très-forte, nous étions à la mi-août. Nous partîmes enfin ensemble à deux heures du matin, le bâton du pèlerin à la main ; mon guide Zacharie portait mes effets. Nous traversâmes la plaine de Saron dont parlent les saintes Ecritures et que mes compagnons de route me dépeignirent comme étant très-belle. Cette plaine s'étend jusqu'au mont Carmel et est resserrée entre les montagnes de la Judée et la Méditerranée. On dit qu'au printemps, les plateaux qui la dominent sont émaillés de mille fleurs charmantes.

La ville de Rama ou de Ramla, l'ancienne Arimathie et patrie de ce juste qui eut le bonheur d'ensevelir notre divin Maître, touche presqu'aux confins de la plaine de Saron et est située dans une position ravissante. Les maisons sont des cahuttes de plâtre, quelques-unes sont surmontées d'un petit dôme qui leur donne l'aspect de mosquées, elles sont entourées d'arbres. Nous nous rendîmes au monastère des pères latins, qui nous reçurent comme des amis. Nous y passâmes la journée, attendant la fraîcheur de la nuit pour continuer notre route. Ramla est la première ville de la Palestine que les croisés conquirent. Sa population s'élève, à ce qu'on m'a dit, à trois mille âmes, parmi lesquelles se trouvent quelques juifs. Ramla servit de quartier général à l'armée française lors de la campagne de Syrie sous Bonaparte.

Le lendemain, nous partîmes de grand matin, par un chemin raboteux. Nous n'avançâmes que lentement, et nous atteignîmes, après une heure et demie de marche, les mamelons du versant occidental des montagnes de la Terre-Sainte. On me montra sur une éminence, un endroit qui porte le nom de *Latroun*; on prétend que le bon larron, qui obtint de Jésus-Christ le pardon de ses fautes, naquit dans ce village.

Quelques heures après, nous entrâmes dans une vallée étroite et couverte de rochers. Quelques arbustes croissent çà et là, mais tout ce coin de terre a un aspect sauvage, et sert de retraite à de nombreux sangliers, dont nous crûmes entendre le grognement. En sortant de ce vallon, le paysage, et la nature prend un aspect moins triste.

Mes compagnons m'annoncèrent que nous allions entrer au village de Saint-Jérémie, qu'on prétend être la patrie de ce prophète. Nous vîmes paître, le long des rochers, des vaches, des ânes d'une beauté remarquable, et des moutons tels que ceux que j'avais vus dans les vallées du Liban. Nous avons visité une église antique, souvenir des croisades, et une fontaine à laquelle nous nous désaltérâmes tous ; pour honorer l'auteur des lamentations, qu'on dit y avoir bu.

La vallée de *Térébinthe*, ou du *Chêne*, qui vint après, est plus pittoresque que celle que nous avions traversée. Nous y aperçûmes des vignes auxquelles étaient pendus de gros et beaux raisins. Le torrent auquel David doit avoir pris des pierres avec lesquelles il frappa le géant Goliath se présenta ensuite à nos regards, mais il était entièrement desséché. Nous continuâmes à marcher dans un désert où la végétation parut comme frappée d'anathème ; à peine rencontrâmes-nous quelques arbustes dont les feuilles paraissaient une autre couleur ; on eût dit qu'on entrait dans une région inconnue. La route est difficile, et nous montâmes lentement sur le plateau élevé que nous vîmes devant nous. Nous marchâmes sur des rocs durs et blanchâtres, d'une forme bizarre ; quelques gazelles s'enfuyaient devant nous. J'étais si impatient de voir la ville sainte, dont on me disait toujours que nous n'étions plus éloignés ; que je demandais à tout instant si c'était bien là

Jérusalem. Le cœur me battait avec force, mille pensées se retraçaient à mon imagination, lorsque, en descendant du haut d'une hauteur, je vis enfin des murs gothiques, des minarets et quelques dômes élevant leurs faîtes en l'air. — *Voilà Jérusalem!* me dit un des Pères. Je me serais précipité à genoux, j'aurais baisé la terre, si cela m'eût été possible. — Jérusalem! Jérusalem! me dis-je, je te vois enfin. — J'étais anéanti.

CHAPITRE X.

JÉRUSALEM.

Me voici donc à Jérusalem, cette ville si célèbre dans les Annales du monde. Je foule donc ce sol sacré, je marche sur cette terre que sanctifia autrefois par sa présence le Saint des Saints. Je parcours ces rues qui ont entendu la voix miséricordieuse du Sauveur. Je ne m'attacherai pas à rendre ici les sentiments qui assiégeaient mon âme.

Je me dirige donc avec mes deux compagnons vers le monastère des Pères du Saint-Sépulcre, dont la porte s'ouvre aussitôt pour nous. — J'ai reçu pendant mes voyages bien des témoignages de bienveillance, mais je ne crois pas en avoir jamais reçu de plus sincères. Je remis au respectable père-gardien les lettres que j'avais demandées à Rome pour lui; il les reçut, et me fit aussitôt conduire dans un appartement où deux frères vinrent me laver les pieds. On me conduisit ensuite dans une cellule, où je pris un peu de repos.

Avant de commencer mes investigations, je vais dire à mes jeunes lecteurs quelques mots sur les habitants de Jérusalem. J'emprunterai ces intéressants détails à M. Michaud, qui a dépeint, mieux que je ne pourrais le faire, les mœurs de cette peuplade.

« La population de Jérusalem se compose de Musulmans, de Grecs, d'Arméniens, de Catholiques, de Cophtes, d'Abyssins ; l'industrie et le commerce offrent peu de ressources à la cité ; les rochers et les montagnes qui l'environnent n'ont jamais connu les moissons. Chacun vit de sa croyance. L'Orient n'a point de sectes qui n'envoient des aumônes à Jérusalem ; les pèlerins arméniens et grecs y apportent des sommes considérables ; les dons et les offrandes de la dévotion soutiennent aussi la population chrétienne et la population juive ; les musulmans profitent de tous ces trésors envoyés par la piété, et si chaque secte vit de la foi qu'elle professe, on peut dire que les mécréants vivent de la foi de tous.

» Pour bien étudier la physionomie de Jérusalem, il faudrait suivre chaque nation en particulier. Les hébreux de la ville sainte habitent le quartier le plus malpropre ; il est situé près de la porte *Sterquiline* ou des *Immondices*, appelée maintenant porte des Maugrabins ; séparés des autres sectes, divisés eux-mêmes en deux sectes ennemies, tristement rassemblés dans les synagogues, et les yeux attachés sur la vallée de Josaphat, « ils mangent leur pain dans l'affliction, et boivent leur vin dans la frayeur. »

» A les voir dans leurs habitations sales et étroites, on juge bien qu'ils ne sont pas venus à Jérulem pour y vivre heureux, même pour y vivre, mais seulement dans l'intention d'y marquer leur place dans la funèbre vallée et d'être *tout portés*, comme dit le vulgaire, pour le dernier jugement. Il vient à Jérusalem des Juifs de toutes les contrées de la terre. Lorsqu'ils y sont arrivés, ils n'en sortent plus ; la plupart sont des vieillards que le temps a épargnés, et qui ne songent plus aux choses de la vie. Jérusalem compte un bon nombre de Juifs, surtout des femmes, qui ont plus de cent ans, plus de cent vingt ans.

» Les Arméniens et les Grecs se montrent dans la ville de Jérusalem à peu près comme ils sont partout. Quoique les deux nations ne soient étrangères à aucun trafic, à aucun genre de commerce, elles ne pourraient se soutenir dans la ville sainte, si la dévotion ne venait à leur secours. Le quartier des Arméniens, situé sur le mont Sion, est le plus propre et le mieux bâti des quartiers de Jérusalem. Cette nation, qui n'a point de territoire, point de foyers domestiques, qui vit errante et dispersée comme les enfants d'Israël, fait voir partout sa puissance et son crédit; elle semble prospérer chaque jour davantage, au milieu de toutes les ruines et de toutes les misères de l'Orient. On ne rencontre sur les chemins de Jérusalem que des caravanes arméniennes qui viennent de toutes les parties de l'empire ottoman, même de la Perse, et chacune de ces caravanes apporte avec elle des trésors.

» La nation grecque habite autour de l'église du Saint-Sépulcre, et ce voisinage la console de tout ce qu'elle a perdu. Les Grecs, persécutés dans toutes les contrées musulmanes, n'envoyaient presque plus d'offrandes à Jérusalem, et leurs pèlerins avaient oublié le chemin de Sion. Ce n'est que depuis quelques mois (1831) que, protégés par le pavillon russe, ils ont commencé à revenir. Il en arrive de l'Asie-Mineure, des deux rives de l'Hellespont, et même de Stamboul. Ils ont conservé leur ancien caractère, et s'il y a quelque gaîté dans la triste Jérusalem, c'est chez les Grecs qu'il faut l'aller chercher; plus superstitieux que les autres sectes, ils ont toutefois, dans leur haut clergé, des hommes instruits.

» Dans ce concours de croyances opposées et rivales, il y en a une qui domine toutes les autres, et c'est la plus jalouse et la plus intolérante. Les musulmans sont en toutes choses les maîtres. La population musulmane est turbulente, inquiète, ne pouvant souffrir de joug pour elle-même et de liberté pour les autres. Chacun de ces mécréants peut outrager dans la rue et même dans leurs maisons des chrétiens ou des juifs, sans que ceux-ci puissent se plaindre et obtenir réparation. Ce qu'il y a de singulier, c'est que ces musulmans se rencontrent avec les chrétiens et même avec les juifs dans la vénération de plusieurs lieux sacrés ; il y a dans la Bible et dans l'Évangile des noms qui attirent aussi le respect des enfants de l'islamisme...

» Toutes ces populations ennemis sont gouvernées et maintenues par le mutzelin, un cadi, un sous-cadi, chargés de rendre la police, et un muphti, qui préside à la justice des mosquées et à l'observation de la loi religieuse. Ils s'accordent tous pour extorquer de l'argent aux sectateurs des différentes religions. La ville est sous la haute domination du pacha d'Acre...

» Les pèlerins arrivent aux mois de janvier et de février, dans les premiers jours de mars au plus tard ; ils ne s'en vont qu'après la célébration des fêtes pascales. Des pèlerins de toutes les nations chrétiennes de l'Orient, Grecs, Arméniens, Abyssins, Syriens, Cophtes, toutes les sectes appartenant à l'Évangile, se donnent ici rendez-vous. On rencontre aussi beaucoup de juifs, même des pèlerins turcs ; car Jérusalem est une ville sainte aux yeux d'un musulman. Tous ces pèlerins d'Orient viennent par bandes. Les caravanes chrétiennes marchent par ordre et sous le commandement d'un chef, comme les grues et les cigognes quand elles passent sous d'autres cieux ; elles s'avancent avec les provisions de route, avec les vases et les ustensiles de cuisine suspendus aux flancs des chameaux ou des mulets : ce sont des familles entières, suivies de tout l'attirail domestique, ne comptant pour rien les fatigues d'un voyage de plusieurs centaines de lieues, marchant depuis l'aurore jusqu'au soir, tantôt sous la pluie, tantôt sous les feux du soleil, passant les nuits en plein air, et, quand les vivres sont épuisés, vivant de ce qu'elles trouvent, comme les oiseaux du ciel.

» Ce ne sont pas seulement des hommes robustes qui s'imposent tant de fatigues et de privations : ce sont de faibles vieillards, qui ne veulent point mourir avant d'avoir vu Jérusalem; des femmes et des jeunes filles destinées à une vie plus douce et plus paisible; des enfants échappés au berceau, qui viennent faire leur apprentissage des souffrances de la vie sur les chemins de la cité où Dieu souffrit et mourut. Quoique la pieuse troupe ne s'aventure point sans armes, elles tombe quelquefois entre les mains rapaces des Bédoins : que de larmes alors ! que d'ennuie ! car il faut de l'argent, beaucoup d'argent pour accomplir le pèlerinage. On travaille dix ans, vingt ans pour le voyage. Une famille chrétienne vient dépenser à Jérusalem quelquefois le produit des travaux d'une vie entière.

» Arrivés sous les murs de Jérusalem, ils sont obligés d'attendre ceux de leur troupe restés en arrière, afin de pouvoir entrer tous ensemble dans la ville; pendant ce temps-là, un des gardiens de la porte de Bethléem (c'est par cette porte que les pèlerins font leur entrée dans la cité sainte) va prévenir le gouverneur et lui demander l'autorisation de les laisser entrer. La permission est accordée moyennant le tribut d'usage, et la porte s'ouvre. Toutes les nations, excepté les Turcs et les Francs, paient quatre paras (moins de quatre centimes) par tête pour entrer dans la ville, et autant pour en repartir. Chaque nation se rend d'abord à son couvent, accompagnée d'un des supérieurs du monastère. Les pèlerins sont logés et nourris deux jours dans le couvent ; le troisième jour, on appelle chaque pèlerin l'un après l'autre, on enregistre son nom et celui de son pays ; on lui demande une somme proportionnée à ses moyens ; les uns remettent quinze cents piastres, les moins riches paient six cents piastes ; et puis on leur trouve un logement pour tout le temps qu'ils doivent passer dans la ville ; bien entendu que ce logement est aux frais des pèlerins. En outre, ils sont obligés de donner une somme pour tous les lieux saints où ils veulent prier ; un prêtre de leur nation les accompagne dans ces visites pieuses. Un pèlerin ne peut pénétrer dans l'église du Saint-Sépulcre sans être muni d'un *laissez-passer* que délivre l'autorité musulmane ; ce permis ne se donne point *gratis*. Ce n'est aussi qu'à prix d'argent qu'un pèlerin obtient le pardon de ses fautes. Les pèlerins catholiques trouvent au monastère latin une hospitalité généreuse, et ne dépensent pas un para pour accomplir les actes de leur dévotion. »

Tous les voyageurs nous représentent Jérusalem comme une ville triste, et ils ont raison ; car cette cité a quelque chose de mystérieux, d'indéfinissable ; c'est une ville de deuil, de mort, ressemblant à une solitude, à un tombeau, et paraissant expier un grand crime, vouée à l'anathème. On y cherche en vain cette vie expansive qu'on trouve dans tant d'autres villes moins grandes et moins peuplées qu'elle. Ses rues présentent, à la vérité, un aspect assez régulier, quoiqu'elles soient peu larges. La plupart des maisons ont deux, même trois étages, presque point de fenêtres dans la rue, des portes basses. Comme elle est construite sur une terre montueuse, une multitude de maisons ont des plans inclinés, quelques-unes seulement ont de petits jardins ; mais on n'y voit point de places publiques ; les marchés se tiennent dans les rues, devant les maisons, et tout est tellement encombré d'édifices, que cette cité renferme une population de près de trente mille âmes, quoique son étendue ne soit pas grande.

Les environs de Sion participent à cette sombre mélancolie qui se peint dans la ville. On dirait que toute la contrée est couverte d'un crêpe funèbre. Les montagnes ne présentent point ce caractère imposant, cette belle verdure, ces mille sinuosités qui plaisent tant à l'œil ; les vallées sont nues, le doux murmure des limpides ruisseaux ne s'y fait point entendre, les rochers sont dépouillés d'ornements, leurs flancs décharnés n'offrent que des blocs grisâtres ; à peine le voyageur rencontre-t-il çà et là un figuier, une gazelle ; mais celle-ci s'enfuit aussitôt frappée d'une terreur subite. L'oiseau même paraît avoir fui cette contrée maudite; son ramage ne vient point vous y récréer, ni corriger la monotonie de ce silence que n'ose troubler le souffle du vent. Tout y annonce que la colère divine s'est appesantie sur ce coin du globe terrestre.

Je commence à me rendre à l'église du Saint-Sépulcre. Ce temple doit son origine au grand Constantin. Il fut construit sous la direction de saint Macaire, évêque de Jérusalem, et de sainte Hélène. Chosroës, roi des Perses, saccagea, trois cents ans après, cette ville ainsi que le temple, emporta la sainte croix que cette pieuse princesse avait trouvée; mais l'empereur Héraclius, après avoir défait les troupes de ce monarque, reconquit la croix, et l'évêque Modeste s'occupa du rétablissement de l'église. Quelques temps après, Jérusalem fut prise par le calife Omar, qui respecta le temple du Saint-Sépulcre, et permit aux chrétiens de suivre leur culte jusqu'à ce que le sultan d'Égypte s'en rendit maître et déclara la guerre aux saints lieux. Les croisés prirent Jérusalem en 1099; mais la reperdirent quatre-vingt-neuf ans après. Ce n'est qu'en 1257 que les religieux de l'ordre de saint François s'établirent en Palestine et furent mis en possession de l'église du Saint-Sépulcre, jusqu'à ce que le sultan Mélech-Sérat la leur arracha avec la ville sainte.

Les Franciscains obtinrent, en 1333, du sultan

d'Égypte, la permission de retourner au tombeau de Jésus-Christ. Ce ne fut qu'en 1342 qu'il leur fut permis d'établir un monastère régulier auprès du Saint-Sépulcre. Le dôme du grand temple avait été élevé au commencement du dernier siècle, par différents princes chrétiens, et construit en poutres du Liban; on le regardait comme un chef-d'œuvre par la hardiesse de son élévation. Cette magnifique église fut presque entièrement réduite en cendres, le 12 octobre 1808, par un incendie dont on n'a point connu la cause. La sacristie et tout ce qu'elle contenait ont été respectés par les flammes, ainsi que le monastère des religieux. Aucun des marbres de l'endroit où notre Sauveur apparut à Madeleine après sa glorieuse résurrection, ne fut endommagé, malgré la violence des flammes de ce côté-là. La chapelle du Saint-Sépulcre appartenait aux pères-latins, et quoique placée sous le dôme qui s'est écroulé, elle n'a point été endommagée dans son intérieur; ce qu'on a regardé comme une faveur spécial du ciel. Plusieurs autres endroits très-exposés à l'ardeur des flammes ont de même été épargnés.

Cette ancienne basilique a été reconstruite depuis cette époque sur les mêmes fondements, et d'après le plan primitif; ce sont, en grande partie, les Grecs et les Arméniens qui ont fourni les fonds à cette entreprise. On m'a dit que les dépenses se sont montées à 5,000,000; les catholiques n'étant pas riches dans cette contrée, ont dû céder aux chismatiques l'honneur de cette construction et leur abandonner une partie des lieux saints dont ils étaient seuls en possession depuis des siècles.

Les rues qui conduisent à l'église du Saint-Sépulcre, la basilique la plus auguste de la terre, sont couvertes d'une boue noirâtre ; on dirait qu'elles sont destinées à rappeler au pèlerin les peines et les misères de cette terre à travers lesquelles il faut passer pour arriver au bonheur éternelle, dont ce saint temple présente un avant-goût à ceux qui savent y prier avec foi et amour. On passe sous une porte basse et étroite avant d'arriver à la place qui est devant elle. On croit que la façade est encore un reste de la construction de Constantin, du moins est-elle irrégulière et comme écrasée par plusieurs bâtiments voisins qui en masquent la vue.

L'intérieur de ce temple est remarquable par son obscurité mystérieuse, qui produit un effet magique sur le chrétien, et dispose l'âme aux grandes émotions qu'on ne tarde pas à y éprouver.

Mes regards furent d'abord frappés par un objet bien précieux, c'est la pierre de l'*onction*, sur laquelle fut étendu le corps de Jésus-Christ pendant qu'on le parfuma de myrrhe et d'aloès. Cette pierre a toujours été l'objet de la vénération des fidèles, et on a même été obligé de la revêtir d'une plaque de marbre pour la préserver d'être dégradée par la piété indiscrète de quelques pèlerins. Elle est presque à fleur de terre, chargée de dix lampes qui y brûlent toujours, et entourée d'énormes candelabres. Les catholiques, les Grecs et les Arméniens vont l'encenser chaque jour.

A quelques pas de cette pierre, à la droite en entrant dans la basilique, on voit le Calvaire, dont l'élévation n'est que d'environ vingt pieds au-dessus du niveau du temple. Un double escalier conduit à son sommet, où l'on voit deux chapelles incrustées de marbre, dont l'une s'appelle, je n'ai pu savoir pourquoi, chapelle du Calvaire, desservie par les Grecs, qui y entretiennent un grand nombre de lampes. C'est l'endroit où fut dressée la croix de Jésus-Christ sur laquelle il expira. Deux pierres noires marquent la place des croix des larrons. L'autre chapelle, desservie par les latins, est à l'endroit où le Fils de Dieu fut attaché à la croix. J'ai eu le bonheur de dire la messe sur l'autel de ce petit sanctuaire. Je n'ai pu voir sans une vive émotion le pavé en mosaïque où les marques rouges semblent indiquer que cette place fut teinte du sang de l'Homme-Dieu.

On me montra ensuite, à droite, une chapelle extérieure appelée Notre-Dame-des-Douleurs, et consacrée à perpétuer le souvenir des angoisses de Marie pendant qu'on attachait son divin Fils à la croix. Au bas du Calvaire, on me montra, dans un petit sanctuaire dit de l'*Impropère,* un tronçon de colonne sur laquelle s'assit le Sauveur pendant qu'on le couronna d'épines et qu'on l'exposa à la risée de la populace.

On me conduisit ensuite dans la chapelle souterraine, qui porte le nom de Sainte-Hélène, où fut découvert le bois sacré de la vraie croix. On me montra aussi l'endroit où pria cette princesse pendant qu'on faisait les fouilles.

Je visitai successivement la chapelle où les bourreaux distribuèrent entre eux les vêtements de leur victime, et l'autel où le Sauveur apparut à Madeleine après sa résurrection, et la chapelle où il apparut à sa sainte Mère.

J'arrive enfin à l'endroit le plus auguste de ce temple, au Saint-Sépulcre. Je laisse au digne pèlerin, au vénérable D. Géramb, qui a visité quelques années avant moi ces lieux, le soin d'en faire la description, que j'ai trouvée d'une ressemblance frappante. Je copie.

« En sortant de la chapelle de l'apparition, on aperçoit une rotonde magnifique entourée de dix-huit gros pilastres, qui soutiennent une galerie et un dôme majestueux. Au milieu, et sous le dôme, d'où part la lumière qui éclaire l'intérieur, s'élève un édifice ou mausolée de marbre jaune et blanc, en forme de catafalque. C'est sous ce monument qu'est le sépulcre de Jésus-Christ.

» L'entrée est du côté de l'orient. Lorsqu'on en a franchi la porte, on se trouve dans la chapelle de l'Ange, dont les murs, à l'intérieur, sont entièrement revêtus de marbre. Au milieu s'élève un piédestal qui porte une pierre de dix-huit pouces en carré, sur laquelle était assis l'Ange, le jour de la résurrection, quand les saintes femmes vinrent embaumer le corps de Jésus-Christ, et qu'il leur dit :

Surrexit, non est hic.
Il est ressuscité, il n'est point ici.

» Ne semble-t-il pas que, par la disposition même de ce lieu, par les pensées de joie et de vie qu'il réveille, la bonté de Dieu ait voulu tempérer les impressions trop douloureuses qu'eût produites la vue subite du tombeau de Jésus-Christ, et n'y a-t-il pas là, en quelque sorte, une voix d'ange qui dit aux chrétiens comme aux saintes femmes : Consolez-vous, il n'est point ici; *Non est hic?*

» Vis-à-vis du piédestal, on voit une ouverture ou petite porte très-basse et plus étroite encore; de là vient une grande clarté. On ne peut y passer qu'en se baissant, pour ainsi dire, jusqu'à la moitié du corps. Elle conduit dans un cabinet d'environ six pieds de long sur autant de large, et haut de près de huit pieds, éclairé par quarante lampes dont la fumée s'échappe par trois trous pratiqués à la voûte.

» A la droite, on aperçoit une table de marbre qui a toute la longueur du cabinet et moitié de sa largeur, c'est-à-dire six pieds sur trois; sa hauteur est de douze pieds environ. Ce cabinet est le Saint-Sépulcre; cette table, la table sépulcrale sur laquelle fut mis le corps de notre Seigneur Jésus-

Christ, la tête tournée vers l'Occident et les pieds vers l'Orient. Le tombeau et la table sont taillés dans le roc vif, et à la pointe du ciseau ; on les a recouverts de marbre pour les soustraire à l'indiscrétion des pèlerins, qui, quelquefois, se permettaient pieusement d'en détacher et d'en emporter des morceaux.

» Les pères franciscains, les Grecs, les Arméniens, célèbrent tous les jours la messe dans le Saint-Sépulcre, chacun à son tour, avec une grande exactitude et un ordre parfait. Les Cophtes officient derrière le monument, dans une chapelle en bois, grossièrement faite ; tous, chaque jour, viennent plusieurs fois encenser les lieux saints avec pompe et solennité.

» Vis-à-vis du monument on aperçoit l'église des Grecs, qui est d'une rare magnificence et d'un assez bon goût, quoique la dorure y ait été prodiguée à l'excès. Les stalles, de bois ordinaire, jurent un peu avec les richesses dont elles sont entourées ; les tableaux sont en grand nombre, et en général mauvais ; les statues médiocres. Cependant l'ensemble frappe, et l'on ne peut s'empêcher d'en admirer la beauté. On remarque dans le milieu un cercle de marbre, au centre duquel se trouvet une petite colonne qui, selon eux, indique le centre de la terre.

» L'église des Arméniens, construite dans la partie des arcades qui leur appartient, est aussi très-belle. »

Quoique nous soyons déjà à la fin d'août, le nombre des pèlerins est encore fort grand. J'en vois qu'on me dit venir de toutes les provinces voisines de la Judée, ensuite beaucoup de Grecs. Leur piété et leur profond recueillement m'ont frappé, et, je dois l'avouer, surpassent mon attente; mais dans ce nombre il n'y a point de catholiques.

Je n'entreprendrai point de retracer ici ce que j'éprouvai à l'aspect des lieux augustes où s'est opéré le sublime mystère de la Rédemption du genre humain; à l'aspect de ce tombeau qui est devenu le berceau d'un nouvel ordre de choses. Jamais, non jamais, je ne serai capable d'exprimer les sentiments qu'éprouvait mon âme! Je puis dire que ma foi s'est agrandie devant le sépulcre, qui m'apparut comme une magnifique démonstration des vérités qu'enseigne la religion catholique, comme l'explication de l'enigme dont le genre humain chercherait en vain la solution. Ce tombeau explique enfin comment l'homme, sorti des mains d'un Dieu juste et bon, a été, par suite d'une grave prévarication, enveloppé dans une proscription générale, frappé d'anathème, dépouillé de son noble héritage, et que le sang du Fils de Dieu l'a enfin lavé de la souillure de cette désobéissance ; ce tombeau vide atteste la victoire que la victime expiatoire remporta sur la mort, et devint le trône de sa toute-puissance, il enseigne le plus grand miracle, et est la preuve convaincante de la vérité de la doctrine du Christ, qu'il a lui-même alléguée pour attester sa mission céleste.

Une chose m'a singulièrement frappé ; elle a été très-bien décrite par M. de Châteaubriand, dans son Itinéraire :

« Les prêtres chrétiens des différentes sectes habitent les différentes parties de l'édifice ; du haut des arcades, où ils sont nichés comme des colombes, du fond des chapelles et des souterrains, ils font entendre leurs cantiques à toutes les heures du jour et de la nuit : l'orgue du religieux latin, les cymbales du prêtre abyssin, la voix du caloyer grec, la prière du solitaire arménien ; l'espèce de plainte du solitaire cophte, frappent tour à tour ou tout à la fois votre oreille ; vous ne savez d'où partent ces concerts ; vous respirez l'odeur de l'encens sans apercevoir la main qui le brûle ; seulement vous voyez passer, s'enfoncer derrière des colonnes, se perdre dans l'ombre du temple, le pontife qui va célébrer les plus redoutables mystères aux lieux mêmes où ils se sont accomplis. »

Je demandai à voir les monuments élevés autrefois par la reconnaissance des fidèles à Godefroi de Bouillon, premier roi de Jérusalem, et à son frère, Beaudoin, qui lui succéda sur ce trône ; mais la jalousie des Grecs a effacé jusqu'aux inscriptions de ces tombeaux, sur lesquels M. de Châteaubriand lisait encore :

Hic jacet Dux Godefridus de Bulion, qui totam istam terram acquisivit cultui christiano, cujus anima regnet cum Christo. Amen.

> Rex Balduinus, Judas alter Machabæus,
> Spes Patriæ, Vigor Ecclesiæ, Virtus utriusque,
> Quem formidabant, cui dona ferebant
> Cedar Et Egyptus, Dan ac homicida Damascus,
> Proh dolor ! in modico clauditur hoc tumulo.

J'ai du moins pu voir la longue épée et les éperons de Godefroi, qu'on conserve avec un soin particulier parmi les objets curieux du Saint-Sépulcre...

Après avoir visité, autant que le temps me le permettait, la basilique du Saint-Sépulcre, j'allai, accompagné d'un religieux, visiter aussi les lieux les plus célèbres sanctifiés par la passion de notre divin Sauveur, et dont le détail serait trop long pour trouver place ici. Je suis de même obligé de passer sous silence une foule de choses intéressantes concernant l'église et le tombeau de Jésus-Christ, de crainte de ne pouvoir faire entrer dans le cadre de ce volume tout ce qu'il me reste encore à exposer.

Je vais maintenant entrer dans quelques détails sur la ville de Jérusalem.

Je monte d'abord sur le mont des Oliviers, dont il est plusieurs fois question dans les Évangiles. A mesure qu'on avance sur cette montagne, on découvre parfaitement bien la ville sainte ; on pourrait, pour ainsi dire, compter chacun de ses édifices. Du sein de ces maisons, de ces petits dômes qui les surmontent, de ces murs si bien conservés, de ces tours, de ces nombreux minarets, se détache la basilique du Saint-Sépulcre comme une reine majestueuse qui commande à ses sujets, et de ce point Jérusalem brille d'un reflet unique, réunissant les souvenirs du monde ancien et du monde nouveau. Plus loin, à gauche de l'emplacement du temple, une colline couverte d'une mosquée et de quelques autres édifices, se présente à vos regards, c'est le palais, la montagne de Sion, ou le tombeau de David.

Les murs de la ville s'étendant en lignes assez droites, donnent à Jérusalem plutôt l'aspect d'un camp retranché que d'une cité fortifiée; du côté de l'orient cette enceinte est droite, plus ou moins élevée selon la nature du terrain sur lequel elle est assise. Jérusalem occupe une surface d'à peu près une lieue, son aspect présente un long carré, dont le grand côté se dirige d'orient en occident; elle a sept portes principales plus ou moins fortifiées, ses murailles sont garnies de distance en distance de tours crénelées. Vers l'occident s'élève un donjon, appelé le château des *Pisans*, et dans lequel loge le commandant avec ses troupes. Les murs, tels qu'on les voit de nos jours, ont été construit en 1534, par Soliman, fils de Sélim I. La ville est dominée de toutes parts, ce qui l'expose sans cesse à être la proie du premier aventurier qui voudrait la conquérir. Il faudrait, pour la rendre imposante, construire une citadelle sur le mont des Oliviers, et l'entourer d'ouvrages extérieurs ; ce que ne comporte guère la nature du terrain.

Le silence et la tristesse qui règnent au dehors de la ville sainte, se retrouvent encore bien plus dans l'intérieur. Là on ne voit point de ces relations sociales qui font le charme de nos cités européennes ; ce mélange de nations diverses, différant entre elles par leurs mœurs et leur caractère, ne se prête point à cette fusion de sentiments qui font la base de notre société ; chaque nation est isolée, et comme aucune d'entre elles n'est fort riche, on ne connaît point ce besoin de s'obliger mutuellement. Un autre motif de se renfermer dans l'intérieur de sa famille, c'est la crainte de la peste et des Arabes pillards. Je ne fus pas peu surpris en me rendant au couvent des pères franciscains, de traverser la rue dite Noire, qui est voûtée comme un grand nombre d'autres pour intercepter les rayons du soleil. Cette manière de bâtir est commune dans l'Orient, et expose à une foule d'incommodités et de maladies qu'engendre ce défaut d'un air pur et sain. Aussi les habitants de Jérusalem sont ils pâles et maigres ; à voir leur démarche languissante, on dirait qu'ils relèvent de maladie. Ils ont du moins de l'eau en assez grande quantité, ce qui compense un peu le manque d'air et de lumière.

Un des monuments qui excite le plus la curiosité des étrangers à Jérusalem, c'est la mosquée d'Omar, dont on fait remonter la construction à l'année 638. On dit qu'elle occupe l'emplacement même où fut autrefois élevé le temple de Salomon, qui passait pour une des merveilles du monde et qui fut détruit par les Chaldéens. Zorobabel entreprit de le reconstruire, mais il ne fut achevé que la sixième année de Darius. Ce temple ne fut plus aussi somptueux que le premier, malgré les riches présents qu'y envoyèrent plusieurs monarques d'Orient, entre autres Ptolémée Philadelphe, qui y fit placer une table d'or, sur laquelle étaient représentés l'Egypte et le cours du Nil.

Le roi Hérode-le-Grand fit augmenter les ailes de ce bâtiment, et y ajouta de magnifiques galeries et un nouveau parvis destiné aux païens. L'historien Josèphe fait une description pompeuse de ce magnifique temple, dont Jésus-Christ avait cependant prédit la ruine, quand il dit : — « Il n'en restera pas pierre sur pierre. »

Omar trouva une espèce de gloire à établir une mosquée sur cette place si célèbre, et regarda cette construction comme un triomphe sur le judaïsme et le christianisme, surtout ayant découvert, en faisant déblayer la place, une roche où l'on prétend que le Seigneur parla autrefois à Jacob. Ce temple prit dès-lors le nom de cette roche, et devint si fameux aux yeux des musulmans, qu'ils le révérèrent presqu'autant que ceux de la Mecque et de Médine. La mosquée fut considérablement augmentée par le calife Abd-el-Maleck, ainsi que par son successeur Valid, qui fit couvrir le dôme de cuivre doré.

Lors de la prise de Jérusalem par les croisés, en 1099, cette mosquée fut convertie en église; mais Saladin leur ayant enlevé cette ville, au siècle suivant, la rendit aux musulmans. Comme il est défendu, sous peine de mort, à tout chrétien d'y pénétrer, on ne peut dire quel genre d'architecture règne dans l'intérieur de cet édifice.

M. de Chateaubriand décrit ainsi ce monument et ce qui l'entoure :

« La grande place de la mosquée, autrefois la place du temple, forme un parvis qui peut avoir cinq cents pas de longueur sur quatre cent soixante de largeur. Les murailles de la ville ferment ce parvis à l'orient et au midi. Il est bordé à l'occident par des maisons turques, et au nord par les ruines du prétoire de Pilate et du palais d'Hérode.

» Douze portiques, placés à des distances inégales les unes des autres, et tout-à-fait irrégulières comme les cloîtres de l'Alhambra, donnent entrée sur ce parvis. Ils sont composés de trois ou quatre arcades, et quelquefois ces arcades en soutiennent un second rang : ce qui imite assez bien l'effet d'un double aqueduc. Le plus considérable de ces portiques correspond à l'ancienne *Porta-Speciosa* (Belle-Porte), connue des chrétiens par un miracle de saint Pierre. Il y a des lampes sous ces portiques.

» Au milieu de ce parvis on en trouve un plus petit, qui s'élève de six à sept pieds, comme une terrasse sans balustres, au-dessus du précédent. Ce second parvis a, selon l'opinion commune, deux cents pas de long sur cent cinquante de large; on y monte de quatre côtés par un escalier de marbre; chaque escalier est composé de huit degrés.

» Au centre de ce parvis supérieur s'élève la fameuse mosquée de la Roche. Tout autour de la mosquée est une citerne qui tire son eau de l'ancienne fontaine scellée, et où les Turcs font leurs ablutions avant la prière.

» Le temple est octogone : une lanterne, également à huit pans, et percée d'une fenêtre sur chaque face, couronne le monument; cette lanterne est recouverte d'un dôme. Une flèche d'assez bon goût, terminée par un croissant, surmonte tout l'édifice, qui ressemble à une tente arabe élevée au milieu du désert.

» Les murs sont revêtus extérieurement de petits carreaux ou de briques de diverses couleurs; ces briques sont chargées d'arabesques et de versets du coran en lettres d'or. Les huit fenêtres sont ornées de vitraux ronds et coloriés. »

M. de Lamartine parle ainsi de cette même mosquée.

« Une magnifique plate-forme, préparée sans doute par la nature, mais évidemment achevée par la main des hommes, était le piédestal sublime sur lequel s'élevait le temple de Salomon; elle porte aujourd'hui, à son centre, sur l'emplacement même où devait s'étendre le temple, la mosquée d'Omar, ou El-Sakara, édifice admirable d'architecture arabe. C'est un bloc de pierre et de marbre d'immenses dimensions à huit pans : chaque pan est orné de sept arcades plus rétrécies, terminées par un dôme gracieux, couvert en cuivre, autrefois doré. Les murs de la mosquée sont revêtus d'émail bleu ; à droite et à gauche s'étendent de larges parois, terminées par de légères colonnades moresques correspondant aux huit portes de la mosquée. De hauts cyprès, disséminés comme au hasard, quelques oliviers, et des arbustes verts et gracieux, croissant çà et là, relèvent l'élégante architecture de la mosquée et la couleur éclatante de ses murailles, par la forme pyramidale et la sombre verdure qui se découpent sur la façade du temple et des dômes de la ville. »

Après de telles autorités, je ne me sens pas le courage d'ajouter quelques mots sur ce bel édifice.

Un des plus beaux ornements de cette mosquée est la chaire du haut de laquelle les marabouts annoncent la loi religieuse aux mahométans. Cette chaire est construite en marbre blanc, à l'exception des petits piliers ; elle est située sur la plus haute plate-forme du bâtiment. Elle est du ciseau d'un européen auquel, en dérogeant aux principes de l'islamisme, on voulut bien, pour cette fois, confier l'exécution d'un travail que les connaisseurs apprécient à juste titre.

Une autre construction assez curieuse, c'est la porte appelée d'Or, à cause des dorures qui la

Entrée du Rocher.

couvraient autrefois ; elle est la plus remarquable de la ville. On ne sait à quelle époque remonte sa construction ; mais à en juger par son architecture, on pourrait croire qu'elle fut bâtie pendant le règne du roi Hérode. Les colonnes qui la soutiennent sont de marbre. On croit que c'est par elle que Jésus-Christ fit son entrée solennelle dans la ville sainte, le jour des rameaux.

J'ai aussi visité la porte dite de Saint-Etienne, parce que ce premier martyr de notre sainte religion a été lapidé près de là. On la nomme encore porte de la Sainte-Vierge, parce qu'elle conduit au tombeau de Marie. C'est par elle que les croisés pénétrèrent dans Jérusalem, sous Godefroi de Bouillon. C'est encore près de cette porte que se trouve la fontaine de Bethséda, où Jésus-Christ guérit un paralytique de trente-huit ans. J'ai vu successivement, sur la montagne de Sion, la maison du grand-prêtre Caïphe, chez lequel fut conduit le Sauveur pendant sa passion, et qui est, de nos jours, une église appartenant aux Arméniens, et le tombeau de David, et le saint Cénacle où fut institué la sainte Eucharistie, et où le Saint-Esprit descendit sur les Apôtres le jour de la Pentecôte. L'impératrice Hélène l'avait fait changer en église, mais les mahométans la ruinèrent ; la pieuse Sancia, reine de Sicile, la fit reconstruire ; elle est, de nos jours, au pouvoir des Turcs.

Le tombeau de David est aujourd'hui converti en mosquée qui porte le nom de ce grand monarque.

Aucun chrétien ne peut y pénétrer. — Parlerai-je maintenant du jardin des Oliviers, où le Sauveur avait l'habitude d'aller prier, où il souffrit cette cruelle agonie, où il sua du sang et de l'eau, où, prosterné contre terre, il dit à son Père céleste : « Mon Père ! faites que ce calice s'éloigne de moi ; mais non, que votre volonté se fasse, et non la mienne ! » Parlerai-je du mont des Oliviers, du haut duquel le Rédempteur prédit à Jérusalem, cette ville aveugle et ingrate, sa destruction ; où il monta au ciel en présence de ses disciples consternés ? A cette dernière place Hélène fit aussi construire une église. Chaque pierre, chaque rocher, chaque grotte, chaque arbre semble redire ici les tristes événements dont ces lieux furent témoins ; vous croyez entendre pousser des soupirs, voir couler des larmes ; tout ici est empreint d'une sainte mélancolie, tout y est grave, tout y respire la douleur, l'intérêt, et même l'indignation, sentiment que j'ai éprouvé à la vue de l'endroit où l'on croit que Judas trahit son maître et son bienfaiteur.

J'entrai ensuite dans la vallée de Josaphat, où, selon l'opinion des Juifs, des chrétiens et des musulmans, doit avoir lieu un jour le jugement dernier, point que le Seigneur n'a pas jugé à propos de nous révéler. Cette vallée présente l'aspect le plus triste. Elle est encaissée entre deux chaînes de montagnes allant du nord au midi, dont celle du côté de l'orient est la plus élevée. On n'y remarque point de ces contours agréables qui font des autres vallées des séjours pleins de charmes. Le sol en est frappé de stérilité, on dirait une terre maudite. Le torrent du Cédron la traverse pour aller se jeter dans la mer Morte.

J'emprunte encore à M. le vicomte de Marcellus la description de ces lieux.

« En traversant le Cédron, on montre dans le lit desséché du torrent une seconde empreinte du pied de notre Seigneur. Puis on voit les sépulcres des Prophètes, grotte obscure et humide. Plus bas, dans la vallée, le tombeau de Josaphat et ceux d'Absalon et de Zacharie. — Ces grands monuments, creusés dans le roc et construits en forme de temples, présentent à la vue des colonnes et des pilastres où se trouvent, grossièrement indiqués, les ordres d'architecture grecque. L'intérieur est uniquement disposé pour recevoir une tombe. Le monument d'Absalon est surmonté d'une coupole élevée et élégante, mais qui paraît avoir été ajoutée au reste de l'édifice ; tout à côté on aperçoit une frise ornée de festons : elle est au-dessus de la porte du tombeau de Josaphat, dont les fouilles ont été diverses fois entreprises et interrompues. Sur le côté droit de la tombe de Zacharie, où on ne pénètre par aucune entrée, se trouve la grotte des Apôtres, percée de quelques ouvertures qui donnent sur la vallée, et soutenue par des colonnes informes. On distingue, dans le fond de la voûte, quelques pierres sépulcrales, et c'est, dit-on, dans ces catacombes que les disciples allèrent se réfugier pendant que leur maître était traîné chez Caïphe. En tout, ces tombeaux d'Absalon et de Joas me paraissent des noms bibliques donnés à des constructions romaines, comme on appelle puits de Joseph, au Caire, la citerne creusée dans la citadelle par Saladin, lequel s'appela aussi Joseph, *Ioussouf*.

» Plus bas, en suivant le lit poudreux du Cédron, j'aperçus, dans une espèce de caverne, l'onde stagnante du Siloë. Je descendis par plusieurs degrés taillés dans le roc jusqu'au fond de cette espèce de citerne; et j'en goûtai l'eau, qui était fade et tiède; je retrouvai la même source un peu plus loin, s'échappant entre les fissures d'un rocher; après avoir traversé la colline par un conduit souterrain, que l'on dit être naturel, elle vient se réunir au torrent de Cédron, quand il a de l'eau, ce qui est rare, ou se perdre dans le même lit, quand il est à sec. La fontaine est presque toujours tarie vers la fin de l'été, quelques gouttes alors humectent à peine le sable.

» Le village qui porte le nom de Siloë couvre les flancs de la colline du Scandale. Ses habitants ont choisi pour retraite les anciens tombeaux que les Juifs construisaient à grands frais dans la vallée de Josaphat. Les sépulcres d'autrefois sont les maisons d'aujourd'hui; quand une nouvelle famille, attirée par la source du Siloë, cherche à fixer sa demeure sur les bords du Cédron, elle creuse une tombe, et les vieux ossements des Hébreux se dérangent pour faire place à la jeune Arabe.

» Dans la vallée, quelques champs fertiles reposent les yeux fatigués de l'uniformité aride des montagnes de Jérusalem. Le puits de Néhémie fournit aux troupeaux et à quelques jardins une eau abondante et fraîche. De là remontant la colline du champ *Haceldama*, passant les ruines de l'antique enceinte et les fossés qui défendaient Jérusalem, je me trouvai sur la montagne de Sion, qui est aujourd'hui hors de la ville. Je fis de vains efforts pour visiter l'ancien couvent où habitèrent les premiers gardiens de la Terre-Sainte; les Turcs n'y laissent pénétrer aucun pélerin; on me montra seulement du doigt la fenêtre du Cénacle où les apôtres étaient assemblés le jour de la Pentecôte; au-dessous est le sépulcre de David, interdit à la dévotion des chrétiens. Les musulmans seuls peuvent porter leurs hommages à la tombe de ce roi; qu'ils vénèrent comme un grand prophète. »

CHAPITRE XI.

LA MER MORTE.

Tous les voyageurs s'accordent à dire que le voyage de Jérusalem à la mer morte offre de graves dangers pour les pèlerins : les Arabes se cachent dans les roseaux et les grottes sépulcrales de la vallée pour piller les voyageurs qui essaient de visiter ces lieux. Je me décidai cependant à affronter ces obstacles, et je partis avec une dizaine de pèlerins grecs, mon guide et un des pères franciscains qui se rendait au couvent de Saint-Sabas. Par mesure de prudence, nous nous adjoignîmes deux soldats, que, bien entendu, nous fûmes obligés de bien payer, pour qu'ils nous servissent d'escorte en cas d'attaque par les Bédoins. Quelques-uns des pèlerins grecs, hommes robustes et décidés, étaient aussi munis d'armes.

Nous marchâmes entre des montagnes d'un aspect triste, dépouillées de toute verdure, digne reflet du vallon de Cédron. Nous aperçûmes sur une hauteur quelques Arabes, nonchalamment étendus sur des peaux et fumant leurs pipes. Ils nous examinèrent d'abord, puis échangèrent quelques paroles entre eux et nous laissèrent passer, ne se sentant probablement pas assez forts pour nous attaquer.

Plus loin, nous vîmes plusieurs tentes tissues de poil de chameau, autour desquelles erraient quelques chèvres, une dizaine d'ânes et deux chameaux qui paraissaient brouter l'herbe rare du mamelon, sur lequel étaient dressées deux tentes. Ici nous nous attendions à une scène; mais l'attitude de nos deux soldats en imposa aux pillards, qui nous laissèrent tranquillement continuer notre route. Enfin, après quatre heures et demie d'une marche assez fatigante, mais sans encombre, nous vîmes devant nous deux tours assez élevées : ce fut là Saint-Sabas.

Ce lieu n'offre que l'aspect d'une horrible solitude. Au fond d'un ravin coule le torrent de Cédron; une couche de rochers s'élève comme un mur au-dessus de son lit, et c'est à une hauteur d'au moins quatre cents pieds qu'est construite la terrasse du couvent. Les autres bâtiments suivent la même ligne et s'appuient sur la montagne comme par étage, au sommet de laquelle sont construites les tours et se terminent les édifices. Il paraît que cette contrée servit autrefois de retraite à de nombreux anachorètes qui passaient leur vie dans les austérités de la pénitence, et qui habitaient des grottes, situées du côté opposé, longtemps même avant saint Sabas.

Les religieux qui occupent de nos jours ce monastère, sont du rit grec et mènent une vie très-austère ; ce qui n'empêche pas quelques-uns d'entre eux d'arriver à un âge très-avancé ; car, à ce que m'ont appris ces bons moines, il n'est pas rare de voir des centenaires parmi eux. Ils sont souvent exposés aux avanies des Arabes qui escaladent ou enfoncent les murs de leur monastère pour piller les provisions. Ce couvent, ainsi que tous ceux de la contrée, n'est point riche ; je n'y vis point d'ornements somptueux comme à l'église du Saint-Sépulcre de Jérusalem, objets provenant des pieuses largesses de plusieurs monarques de l'Europe. Ici tout respire la pauvreté évangélique et les hautes vertus de ces fervents serviteurs de Dieu. Leur charité envers ces mêmes Arabes qui les maltraitent ne connaît point de bornes ; ils les nourrissent avec une générosité d'autant plus digne de remarque, qu'ils s'imposent souvent de grandes privations.

Je n'ai pas besoin de faire observer que l'accueil qu'ils me firent fut aussi gracieux que tendre ; je me crus presque en famille : une nourriture simple, mais copieuse, me fut servie pendant les trois jours que je passai au milieu d'eux ; le pain seul, ou plutôt les galettes noires et dures, ne convinrent pas trop à mon estomac ; mais je m'étais imposé une loi, pendant tout mon voyage, de me contenter de tout ce que je trouverais, et bien m'en fut d'agir ainsi.

N'étant plus qu'à une petite distance de la mer Morte, je pris la résolution de continuer ma marche, je fis donc mes adieux aux religieux de Saint-Sabas, et ayant rejoint mon escorte, nous partîmes ensemble pour visiter l'embouchure du Jourdain.

A mesure que nous nous approchâmes du but de notre excursion, mes regards furent consternés par l'espèce de mort qui pèse sur cette contrée. Point de végétation proprement dite ; la terre recouverte d'une croûte de sel, un vent qui portait des bouffées de bitume, le terrain si peu solide que nous enfoncions jusqu'aux genoux, quelquefois des montagnes d'un sable imprégné de sel, quelques rares arbustes rabougris et sans feuilles, une chaleur étouffante, voilà ce que je remarquai dans cette contré frappée d'anathème. Nous fûmes obligés de nous couvrir la figure pour nous garantir du soleil et du sable que le vent poussait devant nous. Les tas de sable que le vent place et déplace présentaient quelquefois des formes bizarres : vous voyez des pyramides, des tours, de remparts avec leurs créneaux, des figures ressemblant à des corps humains, toutes sortes d'objets singuliers jaunâtres ou blancs, que la rafale défait en un clin d'œil pour les reconstruire plus loin sous un aspect plus fantastique encore.

Après une marche pénible à travers cet affreux désert, nous arrivâmes enfin sur les bords de cette mer fameuse. Ici quel affreux spectacle ! Quiconque a vu les bords riants de la Méditerranée, sur les rivages de la France et de l'Italie, ceux du golfe de Venise, ou de l'archipel grec, est péniblement affecté à l'aspect de cette plage stérile et monotone. Vous n'y voyez pas une herbe, pas un oiseau, pas un jonc ; le vent ride à peine cette eau ; les vagues ne viennent point se briser contre le rivage ; le poisson ne vient point jouer sur la surface de son onde : quelques broussailles décolorées et sans vigueur se montrent çà et là. Je me promenai quelque temps sur ces rives pâles et sans vie, je recueillis une de ces pommes connues sous le nom de pommes de Sodome, et dont la couleur et la forme enchantent ; mais elle se brisa sous ma main et ne laissa d'autres traces qu'un peu de cendre noire et d'une odeur fort désagréable. La seule chose que je pus emporter fut une des coquilles brillantes comme l'argent que je trouvai au milieu de monceaux d'écume durcie.

Pendant que nous fûmes occupés à considérer cette mer, à en mesurer de l'œil les contours et à constater ce que tant d'autres voyageurs et historiens ont écrit sur cette contrée célèbre, nous vîmes arriver vers nous une vingtaine d'Arabes, sans doute dans l'intention de nous rançonner. Les deux janissaires et les autres pèlerins grecs tirèrent leurs armes, et nous nous montrâmes tout décidés à nous opposer à leur rapacité. Je leur fis dire que s'ils voulaient des provisions, nous pourrions leur en céder ; mais que s'ils s'avisaient de nous attaquer, nous saurions nous défendre. Un e nos Grecs était d'une taille très-élevée, et paraissait particulièrement disposé à résister à ces pillards ; il tira de dessous son manteau un sabre qu'il brandit en l'air, prononçant avec force quelques paroles menaçantes, que les Arabes ne comprirent sans doute pas ; mais notre attitude leur en imposa : ils nous dirent qu'ils avaient faim, et nous leur donnâmes une partie de nos provisions, puis ils se retirèrent.

Me voici donc sur cette plage, devant cette mer, ou plutôt devant ce lac, qui ne paraît avoir qu'une vingtaine de lieues de longueur sur cinq à six de largeur, encaissé dans la vallée de Siddim, et sur les bords duquel s'élevaient autrefois les villes de Sodome, de Gomorre, de Séboïm, d'Adama et de Ségor, que le feu du ciel réduisit en cendre pour les punir de leurs crimes. Ces rives étaient, avant cette terrible catastrophe, renommées par leur fertilité, et à présent elles offrent un pays où chaque grain de sable rappelle la malédiction de Dieu. On dirait, après tant de siècles, sentir encore l'odeur infecte du vaste incendie qui en consuma les habitations, et, si l'on peut ajouter foi aux observations de quelques voyageurs qui ont visité ces lieux à différentes époques, on reconnaîtrait encore au sein de l'onde des débris d'édifices, des pans de murailles provenant des villes vouées à la colère divine.

Cette mer est quelquefois couverte de vapeurs semblables à une fumée épaisse ; les Arabes en retirent du sel, qu'ils vendent dans les pays voisins ; l'eau en est fort pesante, ce qu'on attribue à la grande quantité de sel qu'elle contient. — J'aurais bien voulu connaître l'endroit où la femme de Loth subit le châtiment que lui avait mérité sa désobéissance; mais je ne pus avoir rien de précis à son égard.

CHAPITRE XII.

LE JOURDAIN. — JÉRICHO. — LES ARABES.

Nous remontâmes sur la grève, pour aller explorer l'endroit où le Jourdain se jette dans la mer Morte. Ce fleuve a en cet endroit près de cent pieds de largeur ; la rive en est escarpée ; le lit, enfoncé dans une plaine de sable. Je vis quelques îlots, ou plutôt petits bancs couverts d'arbustes, qui servent de demeure à des hérons, pigeons ramiers et autres oiseaux. Quelques voyageurs prétendent y avoir entendu le chant du rossignol; moi, je n'eus point ce bonheur-là. Ces îlots présentent le retour de la végétation après le désert. On voit, en effet, croître sur les rives du fleuve sacré toutes sortes d'arbrisseaux inconnus à notre Europe, tant par leur forme que par leur couleur et leurs fruits. Les rives du fleuve sont bordées de saules dont les feuilles n'ont pas le même éclat que les nôtres. L'eau n'avait que cinq pieds de profondeur ; elle était très-rapide, ce qui n'empêcha pas quelques-uns de nos Grecs de s'y baigner ; je les aurais imités, mais l'eau me parut trop fraîche, et je dus me borner à y laver mes pieds.

Après deux heures de halte, nous remontâmes le fleuve pour visiter l'endroit où les juifs le traversèrent à pied sec, et où, selon la tradition du pays, notre divin Sauveur voulut être baptisé par saint Jean.

Que de souvenirs se pressèrent dans mon esprit à la vue de ces rivages, à la vue de cette onde limpide, sanctifiée par la présence de l'Homme-Dieu! Lui, qui était exempt de toute souillure, voulut se purifier pour nous apprendre la nécessité de nous régénérer à ses yeux. Le Jourdain, qui prend sa source dans les montagnes formant la chaîne du Liban, coule du nord au sud, son cours et d'à peu près cinquante lieues; il traverse deux lacs pour aller se confondre avec les eaux noirâtres de la mer Morte. Je voulus cependant emporter quelques souvenirs de ce fleuve; je mis donc dans ma poche quelques cailloux, qu'un des Grecs alla prendre au fond de l'eau, et je coupai un des joncs qui croissent sur le rivage pour me servir de canne; mais je perdis ce dernier objet je ne sais trop ni où ni comment. Nous jetâmes donc un dernier regard sur les sinuosités du fleuve, et nous nous en éloignâmes pour nous rendre de là à Jéricho, *la Cité des Palmes*, comme l'appelle Moïse, en traversant la plaine stérile de Galgala.

Jéricho, ville fort ancienne, fut la première cité que les Iraélites conquirent en-deçà du Jourdain, après leur sortie de l'Egypte. Elle était alors très-bien fortifiée, ses murs et ses tours tombèrent au son des trompettes, et après que les Juifs en avaient fait, par ordre du Seigneur et sous la conduite de Josué, sept fois le tour avec l'arche d'alliance. Le peuple de Dieu y pénétra alors de tout côté et la détruisit. Les prophètes Elie et Elisée s'y fixèrent avec leurs disciples. Ce dernier y opéra un miracle en rendant bonne l'eau d'une fontaine qui auparavant avait été fort mauvaise.

Jéricho était une ville assez considérable du temps des Machabées; les derniers rois de Juda l'avaient agrandie et embellie; Hérode-le-Grand y avait un beau palais, où il faisait sa résidence. Pendant la guerre des Romains, cette cité fut détruite; l'empereur Adrien la fit reconstruire. Les Français s'en emparèrent au temps des Croisades, et Godefroi de Bouillon en fit don à l'église du Saint-Sépulcre; elle avait un évêché et trois monastères. De nos jours, Jéricho, appelé *Rihkah*, ne présente plus que l'aspect d'un chétif village, composé d'une trentaine de huttes, bâties en terre, et séparées par des haies de nopals épineux. On n'y voit plus ni ces palmiers célèbres autrefois, ni ces champs couverts de roses. On y voit à peine quelques arbres fruitiers et surtout une espèce de prunier dont les noyaux du fruit servent à faire des chapelets qu'on vend à Jérusalem.

Une chose qui m'a singulièrement frappé, c'est la liberté dont jouissent dans ce pays les femmes et les jeunes filles, en comparaison de l'espèce d'esclavage qui pèse sur elles autre part. J'aper-

çus un groupe de ces dernières allant chercher de
l'eau à la fontaine dans de grandes cruches; elles
avaient une attitude fière et paraissaient très-
folâtres. Je vis aussi, près des cabanes, de magnifiques lévriers, dont la plupart étaient d'une blan-
cheur éclatante, et qui doivent être très-habiles à
la chasse. Après le cheval, ce chien est l'objet d'une
affection particulière de l'Arabe. On m'a montré
une plante qui porte le nom de rose de Jéricho,
et qui n'a ni l'odeur ni la couleur de nos roses.
Elle s'ouvre et se resserre selon le temps, et sert
de baromètre aux Arabes, qui lui prodiguent une
espèce de culte supertitieux, la consultant dans
plusieurs circonstances importantes.

Il est souvent question des Arabes, qu'on ne
nous dépeint que sous les couleurs odieuses de
voleurs, de pillards; il est cependant juste de ne pas
les confondre tous sous cette dénomination, car
il en est qui se distinguent par des mœurs plus
louables. Il y en a qui habitent les villes, cultivent
la terre, exercent des métiers et se livrent au commerce. Ceux qu'on nomme vulgairement Bédoins,
du mot *Bedouy*, qui signifie désert, prétendent
descendre d'Ismaël, fils d'Abraham et d'Agar.
Cette naissance, qu'ils regardent comme très-il-
lustre, ne leur permet point de bêcher la terre ou
de faire le commerce; leurs occupations consistent
à monter à cheval, à nourrir des troupeaux, à faire
des excursions sur les grands chemins pour y dé-
valiser les voyageurs. Ils ne saillent point aux

Turcs, pour ne point déroger à la noblesse de leur origine. Comme ils habitent ordinairement les déserts auprès des eaux et des pâturages, à cause de leur bétail, ils évitent le contact des autres nations, qui les regardent comme des ennemis à cause de leurs vols.

Les Arabes n'ont en général pour armes que des lances, des épées, des massues; quelques-uns ont cependant adopté le fusil et le pistolet. Ils se tiennent très-bien à cheval, n'attaque guère, à moins d'être sur de la victoire. Ils s'enfuient avec la rapidité de l'éclair, sur leurs cavales légères, dès qu'ils trouvent une résistance opiniâtre. Ils campent sous des tentes de poils de chameaux : hommes, femmes, enfants, bétail, vivent confondus, comme ne formant qu'une seule famille. Les femmes ne portent qu'une longue chemise pour tout habillement ; les hommes et les jeunes gens se font une espèce de sarreau avec du bouracan.

Ceux qui habitent des villages se distinguent par leur hospitalité et la simplicité de leurs mœurs. Ils reçoivent bien les étrangers, leur servent du café et du tabac pendant que les femmes préparent les viandes dont on veut les régaler. Pendant le repas, personne ne parle, et tout ce qui reste est donné aux domestiques. Ensuite on sert du café, on apporte des pipes, la conversation commence et dure tant que cela plaît à l'étranger.

Les Arabes sont naturellement graves, sérieux, et affectent dans leurs actions et dans leurs discours une certaine contenance, qui est quelquefois poussée trop loin. Ils parlent peu, l'un après l'autre, cherchent à dire beaucoup de choses en peu de mots, évitent les railleries et en général tout ce qui pourrait blesser la bienséance. On prétend que la médisance est entièrement bannie de leurs conversations, et qu'ils en agissent ainsi pour ne point désobliger leur prochain. Ils sont toujours amis de ceux avec qui ils font des affaires, et leur rendent volontiers toutes sortes de services. Chez eux, ils ont une grande vénération pour le pain et le sel, au point que quand ils veulent faire une instante prière à quelqu'un, ils lui disent : par le pain et le sel qui est entre nous.

Lorsqu'il survient entre eux un différent, et qu'insensiblement ils se mettent en colère, ils reviennent d'abord et s'avertissent mutuellement par des raisonnements, des proverbes, des allégories. Rarement on les voit se frapper, quoiqu'ils tirent quelquefois le poignard; ils ne s'enivrent jamais; il n'y a que la haine du sang qui soit irréconciliable; ainsi quand il arrive qu'un individu en tue un autre, l'amitié est rompue entre eux, leurs familles et toute leur postérité; ce crime ne se pardonne qu'après une vengeance éclatante; et ils ne se pressent point pour cela : ils attendent le temps et l'occasion de le faire à propos.

Les Arabes ont un grand respect pour la barbe,

et la regardent comme un ornement sacré que Dieu leur a donné pour les distinguer des femmes. Ils la laissent croître dès leur tendre jeunesse : une des plus grandes marques d'infamie, c'est celle de la raser. Les Persans, qui la rognent, sont réputés hérétiques; ceux qui servent dans le sérail du grand seigneur la rasent pour marquer leur servitude; mais ils la laissent repousser dès qu'ils sont rendus à la liberté.

Tout le monde connaît la tendresse de l'Arabe pour son cheval; mais cette tendresse dégénère quelquefois en affection puérile. Il n'est pas rare de voir des hommes couvrir de baiser leurs cavales, leur essuyer les yeux avec leurs mouchoirs, les frotter avec les manches de leurs chemises, leur donner mille bénédictions, leur parler pendant des heures entières, les appeler mon cœur, ma gazelle, ma bien-aimée; leur dire : tu es belle, tu es douce, tu es aimable, jamais je ne t'ai battue ni grondée, je t'ai élevée comme ma fille : que Dieu te préserve du regard des envieux ! — et mille autres choses semblables.

On sait aussi qu'ils conservent la généalogie de leurs chevaux, dont ils transmettent les titres à leurs enfants comme un patrimoine. Comme les cavales et leurs poulains logent sous la même tente que leurs maîtres, on voit souvent les enfants de ces derniers couchés sur le dos ou sous le ventre de ces animaux sans en être molestés. Les chevaux des Arabes sont de taille médiocre, mais excellents à la course; ils sont tellement habitués à voir la lance, que quand elle est plantée en terre, ils ne bougent plus de leur place, même sans être attachés; ces chevaux ne sont pas souvent malades : leurs maîtres connaissent leurs maladies et tout ce qui est nécessaire pour les gouverner, de sorte qu'ils n'ont pas même besoin de maréchaux pour leur forger des fer; ceux-ci sont d'un fer doux et souple; plus courts que la corne du pied, ils rognent sur le devant tout ce qui les excède, afin que rien ne les embarrasse en courant.

Les Arabes ont une grande foi aux écritures superstitieuses et à certaines oraisons, qui, selon eux ont la vertu de les préserver de plusieurs accidents. Ils plient ces talismans dans un papier fait en tringle, les enfermant dans une bourse de cuir, et les suspendant au cou de leurs chevaux. Ils leurs pendent aussi au cou deux défenses de sanglier jointes par la racine avec un cercle d'argent, ce qui forme un croissant, et a, selon leurs idées, le pouvoir de les préserver du farcin. Ils entretiennent aussi quelquefois dans leurs écuries des marcassis et des boucs pour attirer, disent-ils, tout le mauvais air.

La principale nourriture des Arabes consiste en laitage, miel, riz, huile, en viandes de bœuf, de mouton, de chèvre et de poulet. Ils font moudre eux-même le blé dans un petit moulin à bras qu'ils portent avec eux. Ils font du feu dans un cruche de grès, et lorsqu'elle est échauffée, ils détrempent la farine dans l'eau, et l'appliquent avec le creux de la main sur le dehors de la cruche, et cette pâte se cuit dans quelques instants.

Ils font encore une autre espèce de pain de l'épaisseur de nos gâteaux, qu'ils cuisent entre deux brasiers de fiente de vache séchée. Cette fiente est ramassée par les enfants et appliquée contre les murailles ou exposée au soleil pour la faire sécher; elle ne se consume que lentement comme à peu près les mottes de nos tanneurs. Il y a aussi des fours dans les villes et villages de la Palestine pour y faire cuire le pain comme cela se pratique en Europe.

Les Arabes ne boivent ordinairement que de l'eau; mais, malgré la défense qu'en a faite Mahomet, ils boivent aussi du vin quand ils en trouvent, et s'enivrent facilement. Ils boivent rarement à table; ils préparent aussi une boisson composée de jus d'abricots, de raisins et d'autres fruits secs. Le sorbet n'est que servi chez les grands; le café, au contraire, est un objet de première nécessité chez eux, ils en prennent plusieurs fois par jour. Le riz bouilli est un de leurs mets ordinaires. Ceux qui habitent les villes et les villages se régalent du *coubébi*; ce sont des boulettes de viande pilée avec du blé, du sel et du poivre, qu'ils font cuire ensuite et qu'ils servent avec du lait aigre. Souvent aussi ils mangent du blé cuit avec de la viande; leur beurre n'est pas du goût des Européens et sent toujours le suif; l'outre dans laquelle ils le batte est malpropre : c'est là, à ce qu'il paraît, la cause de son mauvais goût. Les fèves, les lentilles, les olives salées, les figues, les dattes, les melons et d'autres légumes et fruits entrent aussi dans leurs objets de consommation.

Leur manière de manger est assez singulière. Ils n'ont ni table ni nappe ; on leur sert trois ou quatre jattes de bois sales et grossièrement travaillées, dans lesquelles se trouvent les viandes et les potages ; ils s'asseyent tout au tour de manière à ce que les mains droites soient tournées aux plats. Ils n'ont ni couteaux, ni cuillers, ni fourchettes, mangent le potage dans le creux de la main, prennent le riz, en font une boulette, et le mangent ainsi. Lorsque les premiers ont mangé, les autres succèdent, et à la fin les domestiques avalent ce qui est resté.

Après avoir visité la mer Morte, le Jourdain, Jéricho, nous nous remîmes en route pour retourner à Jérusalem. Les pèlerins grecs étaient heureux de revoir cette ville, où les attendaient leurs femmes et leurs enfants, qui auraient aussi voulu les accompagner dans cette excursion, mais qui y renoncèrent d'après les observations qu'on leur avait faites sur les dangers auxquels on est exposé dans ces environs, dangers qui, quoique réels, n'offrent cependant pas le caractère de gravité qu'on se plaît à leur donner. J'ai, dans cette occasion, comme dans plusieurs autres, été à même de reconnaître la rapacité des Turcs de Jérusalem, qui grossissent les périls pour arracher quelques bachis aux pèlerins crédules, et qui exploitent tout pour s'enrichir aux dépens des autres. Nous nous acheminâmes donc vers Jérusalem, prenant notre route par Béthanie. Dans cet endroit demeuraient autrefois les deux sœurs Marthe, Marie, et leur frère Lazare, que notre divin Sauveur ressuscita d'entre les morts. L'Evangile dépeint avec un charme indéfinissable la scène touchante de ce miracle. Il nous représente le cœur si tendre et si aimant de Jésus-Christ versant des larmes sur la mort de Lazare. Ce ne fut pas sans une certaine émotion que je foulai cette terre, que je parcourus ces champs, que je m'assis sur ces pierres visitées autrefois par l'Homme-Dieu, où retentirent les paroles de cette doctrine consolante qui a renouvelé la face de la terre. Je me représentai en esprit le divin Messie, entouré de la foule avide de l'entendre, enseignant les hautes vérités de cette foi après laquelle avaient soupiré les patriarches, qu'avaient prédite les prophètes, et qui devait faire de tous les hommes un peuple de frères unis entre eux par les doux liens de la charité et de l'espérance; foi sainte qui prit naissance dans une crèche obscure, pour de là se répandre comme un fleuve majestueux sur tout le globe, et y produire ces merveilles qu'elle seule pouvait opérer, parce qu'elle seule est fille du Ciel !

Béthanie, aux touchants souvenirs, porte aujourd'hui le nom de *Lazarié*, et n'offre qu'un pauvre village, dont la population se compose de chrétiens, de mahométans et d'Arabes, et qui est logée dans des huttes. L'agriculture est la seule ressource des habitants, qui paraissent être plus doux et plus civilisés que ces Arabes errants du désert. Il n'y a rien de curieux à voir à Béthanie que le tombeau de Lazare ; c'est une grotte dans laquelle j'ai vu un autel fort mesquin, sur lequel on dit la messe une fois par an. On m'a ensuite montré un bâtiment en ruines qu'on appelle le château de Lazare, et cela fort improprement; car il n'est dit nulle part que le frère de Marthe et de Marie ait habité un château : d'après ce que j'ai pu apprendre de plus raisonnable, ces débris proviennent d'un couvent construit au temps des croisades. J'ai remarqué à Béthanie, aux environs, des grottes comme on en voit beaucoup dans les montagnes de la Palestine. Des familles entières s'y réfugient quelquefois ; le pays n'est pas très-fertile, les habitants peu aisés; tout y annonce la Judée frappée d'anathème. Ce fut dans une de ces grottes que quelques-uns de nos pèlerins grecs passèrent la nuit. Le lendemain, nous repartîmes à l'aube du jour pour retourner à Jérusalem, d'où je comptais partir pour Bethléem. Là m'attendaient de nouvelles émotions. Je ne m'arrêtai donc que deux jours à la ville sainte pour me reposer; mais heureux d'avoir vu les rives du fleuve sacré et de la mer Morte.

CHAPITRE XIII.

BETHLÉEM.

Si la pensée de voir Jérusalem a excité dans mon cœur de délicieuses émotions, celle de voir Bethléem, où naquit le Sauveur du monde, n'en provoqua pas de moins vives. Et quel endroit sur toute la terre pourrait en effet être plus propre à inspirer des pensées de reconnaissance et d'amour que l'aspect des lieux où Jésus-Christ daigna naître dans une crèche pour nous prouver l'amour qu'il nous portait? Aussi me stimulai-je en quelque sorte moi-même à entreprendre ce petit voyage au plus tôt : le mois de septembre s'écoulait, et étant intentionné de visiter encore une partie de l'Egypte, je n'avais pas de temps à perdre. — Me voici donc en marche pour Bethléem, accompagné de mon guide seul.

A mesure que je m'éloignais de Jérusalem, le chemin devenait pierreux et raboteux, ce qui fatigue singulièrement les voyageurs. Je vis à ma droite la plaine de Raphaïm, où David défit les Philistins; plus loin j'aperçus le monastère grec dit de Saint-Elie, ainsi que le tombeau de Rachel : c'est un petit édifice que couronne un dôme, mais qui ne date que de quelques siècles. Ici le terrain prend tout-à-coup un aspect moins sévère : la nature semble vous préparer à jouir de la vue de la patrie de David et du lieu à jamais célèbre de la naissance du Fils de Dieu. Bethléem se présentait à mes regards comme un bouquet au milieu des collines, des plaines, des champs, des arbres, qui annoncent une culture plus étendue. Ma vue s'étendait d'un côté sur les montagnes de l'Arabie-Pétrée, de l'autre sur celles de la Palestine. Mon imagination me retraçait l'admirable histoire de Ruth glanant dans les champs de Booz, celle de David enlevé aux troupeaux de son père pour être placé sur le trône d'Israël. Mon guide me racontait plusieurs de ces récits traditionnels qui ont obtenu dans ce pays une espèce d'autorité historique, et que dépeignent si bien la naïve crédulité des chrétiens d'Orient. Il me raconta entre autres que la sainte Vierge, assise un jour sous un arbre, vit à quelques pas d'elle des hommes récoltant des figues. Elle leur en demanda quelques-unes, mais ces gens avares les lui refusèrent, sous prétexte qu'elles n'étaient pas encore parvenues à toute leur maturité. Marie sourit ; mais à l'instant les figues désséchèrent à l'arbre, et on n'en put plus manger aucune. — Ainsi, ajouta-t-il, le Seigneur punit la dureté de ces hommes, qui ne voulaient pas avoir pitié d'une pauvre femme.

Ce fut au milieu de la conversation de cet individu que je m'approchai lentement de Bethléem. J'entre enfin dans ce bourg en suivant une rue assez longue. J'aperçois devant moi une place, et je me trouve à deux pas du couvent latin, qui ressemble plutôt à une forteresse qu'à un monastère. — J'étais muni de plusieurs lettres de recommandation de la part des religieux de Jérusalem ; dèslors je pouvais m'attendre à un accueil gracieux ; et je ne me trompai pas. Les bons Pères qui habitent cette sainte maison témoignèrent beaucoup de joie en voyant un pèlerin catholique, européen, et surtout un prêtre. Leur existence est aussi pénible que celle des autres religieux de leur ordre. Ils sont sans cesse exposés aux avanies et aux injustices des Turcs, et supportent avec un courage héroïque les mauvais traitements de leurs oppresseurs.

Après m'être reposé quelques instants dans une petite salle, je fus conduit à une cellule très-propre, et, à ce qu'il paraît, une des plus belles du monastère. On me servit un peu de nourriture et je jouis pendant ce temps de la conversation d'un des religieux, né en Italie, sur les bords du lac de Côme, et qui habite la Palestine depuis une vingtaine d'années. Bethléem n'est situé qu'à deux lieues de Jérusalem, à peu près au centre de la Judée. Son nom signifie *maison du pain*, il lui fut donné par Abraham. Les Juifs l'appelaient aussi *Ephrate*, *féconde*, et cité de David. Ce nom de *féconde*, pris à la lettre, ne convient plus guère à cette contrée; mais ce n'est pas au sol qu'il faut s'en prendre, c'est aux musulmans, dont les horribles vexations entravent le travail et paralysent le génie de l'homme qui voudrait défricher des champs remarquables par la fertilité. D'ailleurs cette fécondité peut s'entendre dans un autre sens, puisqu'à Bethléem est né notre Sauveur, le soleil des intelligences, le Verbe éternel, dont la doctrine est la nourriture de l'âme, et *l'homme ne vit pas seulement de pain, mais de toute parole qui procède de Dieu.*

Bethléem paraît avoir été autrefois une ville assez considérable; mais de nos jours elle n'offre plus que l'ombre de son ancienne splendeur. Sa population peut s'élever à près de quatre mille âmes; les catholiques y sont au nombre d'à peu près mille huit cents, auxquels il faut joindre un nombre égal de Grecs, puis cent cinquante musulmans et une centaine d'Arméniens. Les premiers y sont encore, autant qu'à Jérusalem, exposés aux intrigues des Grecs, qui cherchent à usurper sur eux les lieux saints et à attirer à leur secte schismatique ceux que leur pauvreté ou défaut d'instruction suffisante peuvent obliger à implorer leurs secours. Aussi craint-on de voir diminuer le nombre des catholiques. Les religieux surtout sont en butte aux tracasseries continuelles des Turcs. De l'argent, voilà ce que demandent sans cesse ces lâches oppresseurs, et, pour en avoir, ils ont recours non-seulement aux menaces, mais même aux traitements les plus barbares.

Une des causes de la grande pauvreté des habitants chrétiens, c'est encore le grand nombre des fêtes qu'ils célèbrent en s'abstenant du travail, malgré l'injonction des religieux qui les engagent à employer autrement leur temps. Dans leur piété mal entendue, ils croient honorer Dieu par leur fainéantise. Rien n'est plus dégoûtant que de les voir ressemblant à des spectres, couverts des haillons de la misère, assis ensemble ou se traînant sur la place, rongés par la vermine. Les enfants surtout inspirent l'horreur par leur saleté ; habitués au vagabondage, on les rencontre par troupe, s'amusant ou assiégeant la porte du monastère, pour se procurer une nourriture qu'il leur serait si facile de trouver par le travail. Les Bethléemites ne connaissent presque point d'autre occupation que celle de faire des chapelets, de sculpter des crucifix, des statues de la sainte Vierge, des petites chapelles et autres objets semblables qu'ils vendent aux Grecs et aux Arméniens, s'y rendant en pèlerinage ; les musulmans eux-mêmes portent des chapelets suspendus à la ceinture, comme objets de luxe. La condition des femmes m'a surtout paru malheureuse ; elles sont chargées de tous les embarras et fatigues du ménage ; obligées de chercher loin de la ville l'eau nécessaire à leurs besoins, elles ploient quelquefois sous le fardeau qu'elles portent, sans que leurs maris se mettent on peine de leur prêter le moindre secours. Ceux-ci restent tranquillement assis à causer ensemble, pendant que leurs femmes usent leurs forces à leur procurer de quoi manger.

Malgré cette rusticité et cette absence de délicatesse, les habitants de Bethléem se distinguent par la pureté de leurs mœurs. Jamais on n'a eu d'exemple d'inconduite dans cette ville, le soupçon même est déjà un crime, et souvent l'humanité a eu à gémir sur des vengeances exécutées avec une espèce de barbarie pour effacer même jusqu'aux traces de la présomption.

Le lendemain de mon arrivée à Bethléem, je commençai à visiter les monuments de cette ville. Le monastère dans lequel je suis logé est un bâtiment vaste; les murs sont construits en pierres énormes, et fort épais; on dirait, à voir cette masse, que cette maison est destinée à soutenir un assaut. La porte qui y conduit est si étroite et si basse, qu'on est obligé de se baisser pour y entrer. On m'a dit que c'était par mesure de sûreté que les religieux ont fait construire ainsi cette porte, afin d'empêcher les Arabes d'y entrer plusieurs à la fois. Ce monastère est divisé en trois parties habitées par les catholiques, les Grecs et les Arméniens. — Il existe une foule de relations sur les lieux dont je parlé, celle qui m'a paru une des plus exactes est due à M. de Chateaubriand, je la transcris ici :

« Le couvent de Bethléem tient à l'église par

une cour fermée de hautes murailles. Nous traversâmes cette cour, et une petite porte latérale nous donna passage dans l'église. Cette église est certainement d'une haute antiquité, et quoique souvent détruite et souvent réparée, elle conserve les marques de son origine grecque. Sa forme est celle d'une croix. La longue nef, ou, si l'on veut, le pied de la croix, est ornée de quarante huit colonnes d'ordre corinthien, placées sur quatre lignes. Ces colonnes ont deux pieds six pouces de diamètre près la base, et dix-huit pieds de hauteur, y compris la base et le chapiteau. Comme la voûte de cette nef manque, les colonnes ne portent rien qu'une frise de bois qui remplace l'architrave et tient lieu de l'entablement entier. Une charpente à jour prend sa naissance au haut des murs, et s'élève en dôme pour porter au toit qui n'existe plus, ou qui n'a jamais été achevé. On dit que cette charpente est de bois de cèdre, mais c'est une erreur. Les murs sont percés de grandes fenêtres : ils étaient ornés autrefois de tableaux en mosaïque et de passages de l'Evangile écrits en caractères grecs et latins ; on en voit encore les traces. La plupart de ces inscriptions sont rapportées par Quaresmius...

» Les restes de ces mosaïques que l'on aperçoit çà là, et quelques tableaux peints sur bois, sont intéressants pour l'histoire de l'art : ils présentent en général des figures droites, roides, sans mouvement et sans ombre ; mais l'effet en est majestueux, et le caractère noble et sévère...

» La secte chrétienne des Arméniens est en possession de la nef que je viens de décrire. Cette nef est séparée des trois autres branches de la croix par un mur, de sorte que l'église n'a plus d'unité. Quand vous avez passé ce mur, vous vous trouvez en face du chœur, qui occupe le haut de la croix. Ce chœur est élevé de trois degrés au-dessus de la nef. On y voit un autel dédié aux Mages. Sur le pavé, au bas de cet autel, on remarque une étoile de marbre : la tradition veut que cette étoile corresponde au point du ciel où s'arrêta l'étoile miraculeuse qui conduisit les trois rois. Ce qu'il y a de certain, c'est que l'endroit où naquit le Sauveur du monde se trouve perpendiculairement au-dessous de cette étoile de marbre dans l'église souterraine de la Crèche. Je parlerai de celle-ci dans un moment. Les Grecs occupent le sanctuaire des Mages, ainsi que les deux autres nefs, formées par les deux extrémités de la traverse de la croix. Ces deux dernières nefs sont vides et sans autels.

» Deux escaliers tournants, composés chacun de quinze degrés, s'ouvrent aux deux côtés du chœur de l'église extérieure et descendent à l'église souterraine, placée sous ce chœur. Celle-ci est le lieu à jamais révéré de la Nativité du Sauveur. Avant d'y entrer, le supérieur me mit un cierge à la main, et me fit une courte exhortation. Cette sainte grotte est irrégulière, parce qu'elle occupe l'emplacement irrégulier de l'étable et de la crèche.

Elle a trente-sept pieds et demi de long, onze pieds trois pouces de large, et neuf pieds de haut. Elle est taillée dans le roc : les parois de ce roc sont revêtues de marbre, et le pavé de la grotte est également un marbre précieux. Ces embellissements sont attribués à sainte Hélène. L'église ne tire aucun jour du dehors, et n'est éclairée que par la lumière de trente-deux lampes, envoyées par différents princes chrétiens. Tout au fond de la grotte, du côté de l'orient, est la place où la Vierge enfanta le Rédempteur des hommes. Cette place est marquée par un marbre blanc, incrusté de jaspe et entouré d'un cercle d'argent, radié en forme de soleil. On lit ces mots à l'entour :

« *Hic de Virgine Mariâ*
Jesus Christus natus est. »

Une table de marbre, qui sert d'autel, est appuyée contre le rocher, et s'élève au-dessus de l'endroit où le Messie vit le jour. Cet autel est éclairé par trois lampes, dont la plus belle a été donnée par Louis XIII.

» A sept pas de là, vers le midi, après avoir passé l'entrée d'un des escaliers qui montent à l'église supérieure, vous trouvez la crèche. On y descend par deux degrés, car elle n'est pas de niveau avec le reste de la grotte. C'est une voûte peu élevée, enfoncée dans le rocher. Un bloc de marbre, exhaussé d'un pied au-dessus du sol, et

7.

creusé en forme de berceau, indique l'endroit où le souverain du ciel fut couché sur la paille.

» Joseph partit aussi de la ville de Nazareth, qui est en Galilée, et vint en Judée à la ville de David, appelée Bethléem, parce qu'il était de la maison et de la famille de David.

» Pour se faire enregistrer avec Marie, son épouse, qui était grosse :

« Pendant qu'ils étaient en ce lieu, il arriva que le temps auquel elle devait accoucher s'accomplit.

» Et elle enfanta son fils premier-né, et l'ayant emmaillotté, elle le coucha dans une crèche, parce qu'il n'y avait point de place pour eux dans l'hôtellerie. »

« A deux pas vis-à-vis la crèche, est un autel qui occupe la place où Marie était assise, lorsqu'elle présenta l'enfant des douleurs aux adorations des Mages.

» Jésus étant donc né dans Bethléem, ville de la tribu de Juda, du temps du roi Hérode, des Mages vinrent de l'Orient en Jérusalem.

» Et ils demandèrent : Où est le roi des Juifs qui est nouvellement né ? Car nous avons vu son étoile en Orient, et nous sommes venus l'adorer...

» Et en même temps l'étoile qu'ils avaient vue en Orient allait devant eux, jusqu'à ce qu'étant arrivée sur le lieu où était l'enfant, elle s'y arrêta.

» Lorsqu'ils virent l'étoile, ils furent tous transportés d'une grande joie :

» Et, entrant dans la maison, ils trouvèrent

l'enfant avec Marie, sa mère, et, se prosternant en terre, ils l'adorèrent; puis, ouvrant leurs trésors, ils lui offrirent pour présents de l'or, de l'encens et de la myrrhe. »

« Rien n'est plus agréable et plus dévot que cette église souterraine. Elle est enrichie de tableaux des écoles italienne et espagnole. Ces tableaux représentent les mystères de ces lieux, des vierges et des enfants, d'après Raphaël, des Annonciations, l'Adoration des Mages, la Venue des Pasteurs, et tous ces miracles mêlés de grandeur et d'innocence. Les ornements ordinaires de la crèche sont de satin bleu, brodé argent. L'encens fume sans cesse devant le berceau du Sauveur. J'ai entendu un orgue, fort bien touché, jouer à la messe les airs les plus doux et les plus tendres des meilleurs compositeurs d'Italie. Ces concerts charment l'Arabe chrétien, qui, laissant paître ses chameaux, vient, comme les antiques bergers de Bethléem, adorer le Roi des rois dans sa crèche. J'ai vu cet habitant du désert communier à l'autel des Mages avec une ferveur, une piété, une religion inconnue des chrétiens de l'Occident.

» Nul endroit dans l'univers, dit le père Heret, n'inspire plus de dévotion... L'abord continuel des caravanes de toutes les nations chrétiennes..., les prières publiques, les prosternations..., la richesse même des présents que les princes chrétiens y ont envoyés..., tout cela excite en votre âme des choses qui se font sentir beaucoup mieux qu'on ne peut les exprimer.

» Ajoutons qu'un contraste extraordinaire rend encore ces choses plus frappantes ; car en sortant de la grotte où vous avez retrouvé la richesse, les arts, la religion des peuples civilisés, vous êtes transporté dans une solitude profonde, au milieu des masures arabes, parmi des sauvages demi-nus et des musulmans sans foi. Ces lieux sont pourtant ceux-là même où s'opérèrent tant de merveilles ; mais cette terre sainte n'ose plus faire éclater au-dehors son allégresse, et les souvenirs de sa gloire sont réservés dans son sein.

» Nous descendîmes de la grotte de la Nativité dans la chapelle souterraine où la tradition place la sépulture des Innocents : « Hérode envoya tuer à Bethléem et en tout le pays d'alentour, tous les enfants âgés de deux ans et au-dessous ; alors s'accomplit ce qui avait été dit par le prophète Jérémie : *Vox in Rama audita est.* »

» La chapelle des Innocents nous conduit à la grotte de Saint-Jérôme : on y voit le sépulcre de ce docteur de l'Eglise, celui de saint Eusèbe, et les tombeaux de sainte Paule et de sainte Eustochie.

» Saint Jérôme passa la plus grande partie de sa vie dans cette grotte. C'est de là qu'il vit la chute de l'empire romain ; ce fut là qu'il reçut ces patriciens fugitifs, qui, après avoir possédé les palais de la terre, s'estimèrent heureux de partager la cellule d'un cénobite. La paix du saint et les troubles du monde font un merveilleux effet dans les lettres du savant interprète de l'Ecriture.

Nous allons entendre saint Jérôme lui-même parlant de Bethléem dans une de ses lettres.

« Mais pour en venir au lieu où Jésus-Christ a pris naissance, et où la sainte Vierge le mit au monde (car on prend plaisir à louer ce qu'on possède), de quels termes pouvons-nous nous servir pour vous en donner une juste idée ? Il vaut mieux honorer, par un respectueux silence, cette crèche où le Sauveur, encore enfant, jeta ses premiers cris, que d'en faire un éloge qui ne réponde pas à la dignité d'un lieu si saint et si auguste. Point ici de ces vagues galeries, de ses lambris dorés, de ces magnifiques maisons, qui ne sont ornées, pour ainsi dire, que des peines des misérables et des travaux des criminels. Point de ces superbes bâtiments, que l'on prendrait pour des palais, et que de simples particuliers ont élevés, afin qu'un corps de boue, qui n'est digne que de mépris, ait le plaisir de se promener dans de riches appartements, d'en préférer les beautés aux beautés du ciel; comme s'il n'y avait rien au monde de plus beau et de plus digne de nos regards que le monde même ! Ici nous avons sous les yeux le lieu où le Créateur du ciel est né, où il a été enveloppé de langes, reconnu par les pasteurs, découvert par une étoile, adoré par les Mages... Ici rien que de champêtre. Hors le temps de la psalmodie, un profond silence y règne partout. De quelque côté que l'on se tourne, on entend le laboureur chanter *alleluia* en menant sa charrue, le moissonneur tout en eau soulager son travail par le chant des psaumes, et le vigneron chanter quelques cantiques de David en taillant sa vigne. »

Après avoir visité Bethléem, je suis allé faire quelques excursions dans les environs. Deux religieux eurent la complaisance de m'accompagner. Ils me conduisirent d'abord aux citernes de David, ensuite aux étangs de Salomon, creusés au sein du roc. Ils sont au nombre de trois ; l'un est placé plus haut que l'autre, de sorte que l'eau de l'étang supérieur se verse dans les deux inférieurs. L'accès en est difficile ; c'est là que les femmes de la ville vont chercher leur eau.

Du côté opposé, à une petite distance de la ville, on m'a montré une grotte appelée dans le pays la *Grotte du Lait*, parce que, d'après une ancienne tradition, la sainte Vierge, se rendant en Egypte, et voyant son lait tarir, conçut de l'inquiétude pour son divin Fils, et se réfugia dans cette caverne pour y prier ; et le lait revint aussitôt. Les jeunes femmes de Bethléem et des environs y vont en pèlerinage. Au moment où je m'y trouvai, une pauvre mère y était prosternée ; des larmes brûlantes sillonnaient ses joues blêmes ; elle priait pour la guérison de son fils unique, qu'une maladie menaçait de lui enlever. Puisse-t-elle avoir été exaucée.

A mon retour au monastère, je me rendis à l'église pour y réciter mon office ; mais il me fut impossible de prier. Une foule de fidèles remplissaient l'enceinte sacrée. C'était un samedi soir. On y chantait les litanies de la Reine des Cieux. L'orgue versait des flots d'harmonie dans le temple sacré. Des voix tendres et suaves modulaient ces belles paroles que l'Eglise catholique adresse à la Mère de son divin Epoux ; ce chant avait quelque chose de si touchant que j'en fus ému jusqu'aux larmes. Il me semblait que Marie, invoquée au lieu même où elle mit au monde celui qui a comblé les vœux des nations, devait, plus que partout ailleurs, sourire aux supplications de ses enfants. Je restai long-temps sous l'impression qu'avait produite sur moi cette douce mélodie, et plusieurs heures s'étaient écoulées qu'il me semblait entendre encore ce concert ravissant de voix chantant, dans un idiôme qui m'était inconnu, les louanges de Marie.

Le lendemain, au moment où le soleil s'élançait radieux dans les vastes plaines d'azur, un des religieux vint frapper à ma porte et me fit signe de le suivre. Il me conduisit sur le toit du monastère pour me faire jouir du magnifique spectacle que l'œil découvre du haut de cette terrasse. Je fus comme ébloui à la vue du charmant paysage qui se déroulait sous mes yeux. « Ce village, me dit le moine obligeant en me montrant une montagne vers l'Orient, est celui des *Pasteurs*. — Je le vois bien, répondis-je ; mais pourquoi porte-t-il ce nom ?

— C'est là que demeuraient les bergers qui eurent le bonheur d'entendre les anges annonçant la naissance du divin Enfant. Ce village renferme une population mixte : catholiques et grecs y vivent paisiblement ensemble. On y montre un puits où, dit-on, la Vierge-Mère allait laver les langes dans lesquelles elle enveloppait son Fils. L'endroit où se trouvaient les bergers lorsque les messagers célestes entonnèrent le cantique d'allégresse est clos d'une muraille ; un prêtre grec garde la grotte, qui se trouve au milieu de l'enceinte.

Je continuai à examiner la contrée : les hautes montagnes de la mer Morte, le territoire de Moab Hébron, les vignes d'Engaddi, la ville de Térébinthe présentaient l'aspect le plus pittoresque. Je contemplai avec une espèce de satisfaction la montagne dite *des Français*, parce que, durant la dernière croisade, quatre cents Français s'y retranchèrent après la prise de Jérusalem par les Musulmans, et s'y défendirent quelque temps.

Vue du haut de ce toit aplati, et au soleil levant, la contrée de Bethléem paraît délicieuse, et je ne pus me lasser de l'admirer. Mais pourquoi faut-il que ce pays soit sous la domination d'un peuple stupide, rapace et dominé par les préventions les plus révoltantes contre le Christianisme ? Je fis part de mes réflexions à mon guide, et il me répondit que ces peines étaient partagées par tous les religieux du monastère, et que souvent, pour se soustraire à ces poignantes pensées, ils montaient sur cette terrasse, puisant quelques consolations dans la contemplation de la belle nature.

Et, il faut en convenir, si ce pays était placé sous un gouvernement éclairé et juste, il serait un des plus heureux et des plus fertiles de la terre; tandis que, abandonné au despotisme, à la brutalité d'un pacha, il est toujours traité en terre conquise, et rançonné d'une manière impitoyable par tous ces petits tyrans qu'y envoie la cour de Constantinople.

J'aurais voulu prolonger mon séjour à Bethléem pour y célébrer les fêtes de Noël; mais le temps ne me le permit pas, devant être de retour en France pour cette époque. On conçoit ce que cette solennité doit avoir d'imposant à l'endroit même où Jésus naquit.

Ayant terminé mon petit pèlerinage de Bethléem, je pris congé des aimables religieux qui m'avaient si bien traité pendant les six jours que j'ai passés avec eux, et je suis reparti pour Jérusalem. Mon guide, brave Arabe chrétien, me pressa de regagner la ville sainte, ayant de l'inquiétude sur la santé d'un enfant qu'il avait laissé malade. J'arrivai à la cité de Sion quelques moments avant la fermeture des portes, et j'allai reprendre mon ancienne cellule au monastère des pères franciscains.

CHAPITRE XIV.

UN DERNIER REGARD SUR JÉRUSALEM.

Me voici donc, pour la seconde fois, de retour à Jérusalem, ville dont je puis dire comme le psalmiste : « *Si oblitus fuero tui, Jerusalem, oblivioni detur dextera mea.* — Si je t'oublie jamais, ô Jérusalem, que ma main droite s'oublie elle-même. »

Comme je me préparais à quitter sous peu la Palestine, je voulus revoir encore une fois rapidement les lieux sanctifiés par la Passion du Sauveur, pour puiser de nouvelles inspirations aux souvenirs qu'ils retracent. Je parcourus donc la ville : je vis, en passant, l'endroit où fut lapidé saint Étienne, le sépulcre de la sainte Vierge ; je descendis dans la vallée de Josaphat ; je gravis ensuite la montagne, et j'allai m'asseoir à l'ombre de quelques oliviers, rejetons de ces arbres qui furent autrefois témoins du drame sanglant de la croix. Après m'être arrêté une demi-heure, pour laisser un libre cours à mes pensées, je continuai ma promenade, et je descendis vers la ville. Je rentrai par la porte *Sterquiline*, me dirigeant vers l'ancien prétoire de Pilate, où loge encore aujourd'hui le gouverneur de la ville, et où habitaient autrefois des rois de France et d'Angleterre, Godefroi de Bouillon, des sultans d'Egypte, Omar et Saladin. Je rencontrai plusieurs Juifs, qui, reconnaissant à ma mise mon origine européenne, me demandèrent en italien si je n'avais pas besoin d'argent. Ici, comme en Europe, cette nation fait la banque et prête à gros intérêts de l'argent à tous les chrétiens. Elle ne voit pas, dans son aveuglement, qu'elle n'a plus rien à espérer du ciel : elle voit la tombe du Messie, et fait à quelques pas de là des vœux pour qu'il vienne bientôt la délivrer du joug de ses oppresseurs. Elle couvre de ses débris tout l'univers, elle n'a plus de patrie, son culte est vicié, sa tribu sacerdotale est confondue, son temple et ses sacrifices sont abolis, et elle continue à méconnaître la main qui l'a frappée. Ces considérations ont inspiré à M. de Châteaubriand cette belle réflexion :

« Tandis que la nouvelle Jérusalem sort ainsi *du désert, brillante de clarté*, jetez les yeux sur la montagne de Sion et le temple ; voyez cet autre petit peuple qui vit séparé du reste des habitants de la cité. Objet particulier de tous les mépris, il baisse la tête sans se plaindre, il souffre toutes les avanies sans demander justice; il se laisse accabler de coups sans soupirer ; on lui demande sa tête, il la présente au cimeterre. Si quelque membre de cette société vient à mourir, son compagnon ira, pendant la nuit, l'enterrer furtivement dans la vallée de Josaphat, à l'ombre du temple de Salomon. Pénétrez dans la demeure de ce peuple, vous le trouverez dans une affreuse misère, faisant lire un livre mystérieux à des enfants, qui, à leur tour, le feront lire à leurs enfants. Ce qu'il faisait il y a cinq mille ans, ce peuple le fait encore. Il a assisté dix-sept fois à la ruine de Jérusalem, et rien ne peut le décourager, rien ne peut l'empêcher de tourner ses regards vers Sion. Quand on voit les Juifs dispersés sur la terre, selon la parole de Dieu, on est surpris sans doute; mais, pour être frappé d'un étonnement surnaturel, il faut les retrouver à Jérusalem, il faut voir ces légitimes maîtres de Jérusalem, esclaves et étrangers dans leur propre pays; il faut les voir attendant, sous toutes les oppressions, un roi qui doit les délivrer. Écrasés par la croix qui les condamne, et qui est plantée sur leurs têtes; cachés près du temple, dont il ne reste pas pierre sur pierre, ils demeurent dans leur déplorable aveuglement. Les Perses, les Grecs, les Romains ont disparu de la terre; et un petit peuple, dont l'origine précéda celle des grands peuples, existe encore sans mélange dans les décombres de sa patrie. Si quelque chose, parmi les nations, porte le caractère du miracle, nous pensons que ce caractère est ici. Et qu'y a-t-il de plus merveilleux, même aux yeux du philosophe, que cette rencontre de l'antique et de la nouvelle Jérusalem au pied du Calvaire : la première, s'affligeant à l'aspect de Jésus-Christ ressuscité ; la seconde, se consolant auprès du seul tombeau qui n'aura rien à rendre à la fin des siècles.

Je vis au prétoire l'ancienne fenêtre où Jésus-Christ fut montré à la foule demandant son sang, et qu'on appelle *l'Ecce Homo*. Je visitai ensuite la grotte où le Sauveur fut flagellé, et qui sert d'écurie aux soldats de la garde du gouverneur.

Rien ne me frappa davantage pendant cette visite que les signes que je remarquai sur les murs de la rue de douleur, de distance en distance, et qui indiquent les endroits où le Fils de Dieu succomba sous le poids de la croix dont l'avaient chargé ses lâches bourreaux. L'âme remplie de tristesse, je m'arrêtai aussi quelques instants devant la maison marquée d'une croix rouge ; on dit que c'est là que Simon le Cyrénéen fut requis par les Juifs pour soulager le Sauveur portant la croix.

A quelque distance de là je retrouvai l'endroit où Marie rencontra son divin Fils, qu'on conduisait à la mort. Cette rencontre fit une si profonde douleur sur la Vierge Marie, qu'elle s'évanouit devant la foule impie et poursuivant de ses indignes clameurs l'innocent. Je remarquai encore le lieu où le Sauveur rencontra les femmes de Jérusalem, versant des larmes sur son sort, et auxquelles il dit : « Ne pleurez point sur moi, mais sur vous-mêmes, etc. » La maison de sainte Véronique, présentant au Sauveur le linge pour essuyer la sueur qui ruisselait de son front, attira aussi mon attention. De retour au Saint-Sépulcre, je me fis ouvrir la porte de l'Eglise, et je visitai le nouveau Calvaire, ainsi que les lieux les plus célèbres qu'elle renferme, et dont j'ai parlé plus haut; j'allai ensuite me prosterner devant la tombe, et pris, en quelque sorte, congé de ce tombeau et de ce temple auguste, dont le souvenir ne s'effacera jamais de ma mémoire.

Je me préparai donc à faire mes adieux aux respectables religieux qui m'avaient comblé de tant de bonté, entouré de tant de soins. J'aurais voulu leur en témoigner ma vive gratitude; mais comment reconnaître les attentions d'hommes qui ne trouvent leur récompense que dans leur dévouement à la sainte cause de la foi, dont l'existence est un martyre prolongé, et qui sont tellement habitués à souffrir, qu'ils ont perdu jusqu'à l'habitude de se plaindre? — Le père gardien des franciscains, supérieur-général, a le titre d'évêque de la Palestine; il est italien, le pape le nomme tous les trois ans. — Le vicaire-général est ou espagnol ou français; le procureur-général est espagnol; la communauté nomme à ces deux fonctions tous les trois ans. Le gardien, le vicaire-général et le procureur-général, ainsi que tous les pères, forment le conseil de la communauté, et portent le nom de discrets; chaque monastère est dirigé par un gardien; un des religieux dessert la paroisse en qualité de curé.

Le couvent du Saint-Sauveur, qui est situé à une petite distance de l'église du Saint-Sépulcre, est le chef-lieu des pères latins. C'est lui qui fournit les dix religieux qui s'enferment pendant trois mois consécutifs dans cette église, d'où ils ne sortent qu'après ce laps de temps consacré à la prière et aux veilles auprès du saint tombeau. Leur habitation est une chétive maison contigue à l'église; on leur fait passer la nourriture par une grille; la porte du temple n'est ouverte que par ordre de l'autorité turque; les Arméniens, les Grecs, les Cophtes et les Maronites sont établis auprès d'eux.

Les couvents catholiques dans le Levant sont ainsi repartis :

1º Celui du Saint-Sauveur,
2º du Saint-Sépulcre,
3º de Bethléem,
4º de Nazareth,
5º de Saint-Jean, l'endroit où naquit saint Jean-Baptiste,
6º de Rama,
7º de Jaffa,
8º de Constantinople,
9º de Nicosie, dans l'île de Chypre,
10º de Damas,
11º de Saint-Jean d'Acre,
12º de Tripoli, en Syrie,
13º d'Alep,
14º de Lattaquie,

15°   d'Avissa,
16°   de Larnaca,
17°   d'Alexandrie,
18°   de Rosette,
19°   du Caire,
20°   de Seyde, en Syrie.

Mais plusieurs de ces monastères manquent de sujets; car il faudrait au-delà de cent cinquante religieux pour le service du culte, et on en compte à peine une centaine ; les finances de cette belle institution sont obérées, les secours qu'envoyaient autrefois en Palestine plusieurs nations de l'Europe n'arrivant plus.

Enfin sonna l'heure de mon départ. J'avais préparé ma malle, qui était devenue plus lourde par l'achat que j'avais fait de quelques douzaines de chapelets en nacre, en bois et en noyaux de prunes achetés à Jéricho et Bethléem, de quelques coquilles ciselée, de quelques petites chapelles représentant celles du Saint-Sépulcre, et autres petits objets semblables. J'en aurais pris bien plus si je n'avais pas craint de trop charger mon bagage, qui, plus d'une fois, me causa de grands embarras, pour le transport d'un lieu à l'autre dans un pays privé de ces facultés qu'on trouve dans une partie de notre Europe. J'avais appris qu'une cinquantaine de pèlerins grecs, quelques-uns de ceux-là même avec lesquels j'avais visité la mer morte, allaient aussi retourner à Jaffa, pour de là s'embarquer, je m'entendis avec eux, et il fut décidé que nous partirions le lendemain même au point du jour.

Je n'essaierai point ici de retracer la peine que je ressentais en m'éloignant de ces lieux ; il me semblait que j'allais quitter le monde... et cependant je retournais dans ma patrie. Mais Jérusalem! quel cœur chrétien ne se serait pas attristé en se séparant de toi !

Quoique j'eusse un assez long voyage à faire le lendemain, je ne pus goûter le sommeil ; mon cœur était déchiré par tant d'endroits à la fois, qu'il me fut impossible de m'endormir. Les adieux des dignes religieux, me souhaitant plus de bonheur qu'ils n'en trouvent eux-mêmes ici-bas, avaient encore ajouté à ma douleur. Le vénérable gardien me donna sa bénédiction en me disant :

— « Allez rappeler à l'Europe que les catholiques ont des frères en Palestine et qu'ils ne les oublient pas ! » — Ces paroles retentirent long-temps à mes oreilles. — Non, les catholiques d'Europe n'oublieront jamais leurs frères de la Palestine, et quoique les temps des entreprises guerrières et religieuses soient passés, ils sauront toujours compâtir à leurs douleurs et les soulager autant que cela dépendra d'eux, par leurs prières et leurs aumônes.

Le lendemain nous sortîmes de Jérusalem par la porte de David, et nous traversâmes, au nombre de soixante-quatre personnes, la vallée de Thérébinthe. A chaque instant je me retournais pour regarder encore une fois la ville sainte, et ce ne fut jamais sans un nouveau serrement de cœur. Enfin je ne vis plus rien que des roches arides, des ravins, des tertres s'étendant jusqu'à la vallée du torrent de Cédron. Nous revîmes la patrie de Jérémie, nous entrâmes dans les gorges des montagnes de la Judée, nous nous arrêtâmes de temps en temps pour respirer et manger, car l'air âpre de cette contrée épuise singulièrement les forces. Enfin nous campâmes tous fort tard à l'ombre des bocages de Jaffa, près des fontaines qui les arrosent; nous y passâmes la nuit, ne pouvant plus entrer dans la ville, les portes en étant déjà fermées.

Le lendemain j'entrai en ville, à la tête de ma caravane ; on nous fit quelque difficulté pour nous y laisser pénétrer ; mais l'exhibition de notre permis de passer, délivré par le gouverneur de Jérusalem, attestant notre qualité de pèlerins, et quelques bachis glissés dans la main des gardes, levèrent tous les obstacles. Je me rendis au monastère des religieux pour lesquels j'avais reçus des lettres de leurs frères de la ville sainte. Ils me reçurent comme la première fois, avec cordialité. Je m'informai de la possibilité de m'embarquer pour l'Egypte, mais j'appris avec douleur qu'il n'y avait pas de vaisseau dans le port et qu'on n'en attendait pas de si tôt. Que faire dans cette perplexité? Cette ressource de m'acheminer vers ma patrie me manquant, je fus vivement contrarié, et je crus un moment qu'il s'agirait rien moins que de passer l'hiver à Jaffa. Un des religieux me donna un conseil, ce fut celui de me rendre à Saint-Jean-d'Acre, où, selon lui, je devais, plutôt qu'à Jaffa, trouver les moyens de visiter l'Égypte. Je fis mes réflexions et je finis par adhérer à cette proposition, d'autant plus qu'elle me fournissait l'occasion de voir en passant Nazareth, le mont Thabor, Cana et autres lieux. Comme nous étions convenus, les autres pèlerins et moi, de ne point nous séparer jusqu'au moment de nous embarquer pour l'Europe, j'allai leur faire part de ma résolution. Ils secouèrent d'abord la tête en signe de mécontentement ; mais voyant qu'il n'y avait pas d'autre ressource, ils se rangèrent de mon avis. Notre départ fut fixé au lendemain matin.

Je m'arrêtai pendant la journée au monastère des bons religieux, et je fus conduit à l'infirmerie où gissait mourant un de leurs frères. C'était un des plus âgés de la communauté, le père Ildefonse, né en Espagne, et qui était déjà depuis vingt-sept ans en Palestine. Jamais je n'ai vu pareil contentement dans les traits d'un moribond. Ce digne prêtre aspirait de toute l'ardeur de ses désirs au bonheur d'être délivré des liens qui le retenaient dans ce monde. Son existence avait été cruellement froissée sur cette terre, et le Dieu des miséricordes allait sans doute le récompenser dans une patrie meilleure, des peines essuyées dans cette vallée de larmes. D'ailleurs Ildefonse était regardé comme un saint par tous ceux qui l'avaient connu.

8.

CHAPITRE XV.

NAZARETH.

Le lendemain je célébrai la messe de grand matin, je pris ensuite un petit déjeûner, et j'allai rejoindre mes compagnons de voyage qui m'attendaient à la porte du monastère. Dans la crainte d'être attaqués, nous convînmes de marcher ensemble pour être à même de nous porter secours; les Grecs avaient des armes, un janissaire nous accompagna. Nous partîmes; notre marche fut assez lente, le vent de la mer et la chaleur nous incommodèrent un peu. Il ne nous arriva pas d'accident qui mérite d'être rapporté. Quelques Arabes se montrèrent çà et là; mais notre nombre leur en imposa. Nous passâmes la première nuit à la belle étoile, sous des sycomores, dans le voisinage d'une source. Le second jour ressembla au premier, même vent, même chaleur, mêmes Bédoins qui venaient nous observer, puis disparaissaient comme des éclairs.

Le troisième jour faillit nous être funeste par la gourmandise d'un de nos Grecs. Celui-ci s'était détaché de la petite troupe pour aller cueillir quelques dates, lorsque le propriétaire de l'arbre, que personne n'avait vu caché, probablement dans un trou creusé en terre, s'élança sur lui pour en faire justice. Les autres Grecs voulant soutenir leur compatriote, coururent sur l'Arabe, brandissant leurs armes. J'eus mille peine à les calmer, et la vue de quelques bachis put seul désarmer le propriétaire irrité.

Nous poursuivîmes notre marche à travers la plaine d'Esdrelan, où périt Saül. Cette contrée est charmante et très-fertile. Nous étions déjà dans les montagnes de la Galilée dont la chaîne s'étendait à notre gauche. Nous avions laissé derrière nous Naplouse, l'ancien Sichem, ainsi que Samarie et le mont Garizim. A notre gauche le mont Carmel élevait sa cîme poudreuse; devant nous se montra le majestueux Thabor; le pays nous parut encore ravissant, quoique la saison fût déjà très-avancée. Nous vîmes errer dans la plaine de beaux troupeaux, gardés par des Bédoins dont les tentes étaient dressées tout près du chemin; personne ne fit mine de vouloir nous attaquer, et nos Grecs tout rassurés entonnèrent de temps en temps un pieux cantique, que répétaient à l'envi les plus jeunes d'entre eux.

Enfin, sur le soir du troisième jour, nous entrâmes dans Nazareth, ville où le *Verbe s'est fait chair*.

Cette bourgade est située dans une position

agréable, placée dans un vallon formé de plusieurs
montagnes et divisé en plusieurs cantons ou jardins par des arbres, parmi lesquels on remarque
surtout des figuiers. Les habitants la regardent
comme une ville. Les maisons sont petites, irrégulièrement bâties sur le penchant ou au pied de
la montagne escarpée qui la domine. La population de Nazareth, qui est appelée *Nassera* dans le
pays, se compose d'environ trois mille habitants,
parmi lesquels il y a des catholiques, des Grecs,
des Maronites et des Turcs; mais pas un seul juif;
il est défendu à ces derniers d'y demeurer. Les
Turcs, au contraire, ne sont nulle part plus tolérants que dans cette localité.

L'édifice le plus remarquable de Nazareth, c'est
le couvent des Franciscains, bâtiment vaste et
solide, avec une belle église, qui n'est pas achevée, et qui se trouve dans l'intérieur du monastère même. Je pris mon logement au couvent, et
j'y trouvai la même réception cordiale et franche
qu'à Jaffa, à Jérusalem et à Bethléem. J'eus bientôt fait la connaissance de ces dignes prêtres, qui
me montrèrent avec complaisance les lieux objets
de la vénération publique.

C'est dans cet endroit qu'était située la maison
qu'habitait la fille de Joachim et d'Anne, lorsque
« l'ange Gabriel fut envoyé par Dieu dans une ville
de Galilée nommée Nazareth, à une vierge fiancée
à un homme dont le nom était Joseph, de la maison de David, et le nom de la vierge était Marie.

» Et l'ange étant entré où elle était lui dit : Je vous salue, ô pleine de grâce, le Seigneur est avec vous ; vous êtes bénie entre toutes les femmes. Mais elle, l'ayant entendu, fut troublée de ces paroles ; et elle pensait quelle pouvait être cette salutation. Et l'ange lui dit : Ne craignez point, Marie, car vous avez trouvé grâce devant Dieu.

» Voilà que vous concevrez en votre sein, et vous aurez un fils à qui vous donnerez le nom de *Jésus*.

» Il sera grand et il sera appelé le Fils du Très-Haut, et le Seigneur lui donnera le trône de David ; il règnera éternellement sur la maison de Jacob.

» Et son règne n'aura point de fin.

» Alors Marie dit à l'Ange : Comment cela se fera-t-il, car je ne connais point d'homme?

» L'ange répondant, lui dit : Le Saint-Esprit surviendra en vous, et la vertu du Très-Haut vous couvrira de son ombre. C'est pourquoi le Saint qui naîtra de vous sera appelé le Fils de Dieu.

» Et voilà que votre cousine Elisabeth a elle-même conçu un fils en sa vieillesse ; et c'est ici le sixième mois de la grossesse de celle qu'on appelle stérile.

» Parce qu'il n'y a rien d'impossible à Dieu.

» Alors Marie lui dit : Voici la servante du Seigneur ; qu'il me soit fait selon votre parole. Et l'ange s'éloigna aussitôt de chez elle. »

La maison qu'habitait Marie au moment où l'ange vint la saluer avait deux parties : la première était ce bâtiment que, selon une pieuse tradition, les anges transportèrent à Lorrette, dans les états de l'Eglise, sur les bords de la mer Adriatique; la seconde est une grotte taillée dans le rocher. On descend dans cette dernière par un très-bel escalier en marbre blanc. Elle est placée sous un autel sous lequel brûlent sans cesse des lampes. Sur une table de marbre, j'ai lu en gros caractères ces paroles :

Verbum caro hic factum est.

A une petite distance de cet autel, j'ai remarqué deux chambres également taillées dans le roc; elles communiquent ensemble par un petit escalier; dans la seconde se trouve un autel, avec un tableau représentant la sainte famille, avec cette inscription :

Hic erat subditus illis.

L'église de Nazareth est belle; mais elle n'est plus à comparer à celle que l'impératrice sainte Hélène y avait fait construire au quatrième siècle. Une colonne de granit avait été élevée par ses ordres à l'endroit même où l'ange annonça à Marie le mystère ineffable de l'incarnation du Verbe divin; une autre marquait également la place où Marie était en prières lorsqu'elle entendit la salutation angélique, mais cette église a été renversée ainsi que la dernière de ces colonnes.

A une petite distance de là, on m'a montré l'endroit où saint Joseph exerçait son état de charpentier, et qui porte encore le nom de boutique de saint Joseph. C'est à présent une chapelle.

Au couchant de la sainte grotte, on m'a montré un ancien bâtiment en pierre, que l'on croit être la synagogue dans laquelle le Sauveur entra un jour pour expliquer aux juifs les saintes Ecritures. Étonnés de tant de sagesse, ils se regardaient les uns les autres en disant : « N'est-ce pas là cet artisan, fils de Joseph le charpentier, le fils de Marie, le frère de Jacques et de José, de Jude et de Simon? Toutes ses sœurs ne sont-elles pas parmi nous? » — Et ils le chassèrent de leur ville, le conduisirent au sommet de la montagne sur laquelle leur ville était bâtie, pour le précipiter en bas, mais lui, passant au milieu d'eux, s'en alla. Cette synagogue est, de nos jours, convertie en église, et sert aux Grecs.

Un peu plus loin est une autre chapelle dans laquelle je vis un rocher appelé la table du Messie, sur laquel la tradition dit que Jésus-Christ prit ses repas. Je lus l'inscription suivante en gros caractères latins :

Traditio continua est et nunquàm interrupta
Apud omnes nationes orientales, Hanc Petram
Dictam mensa Christi, illam ipsam esse
Petram supra quam Dominus noster Jesus
Christus cum suis Discipulis comedit ante
Et post suam Ressurrectionem à mortuis.

Je visitai aussi les ruines d'un monastère de religieuses, auprès duquel était une église bâtie par les soins de l'impératrice Hélène, et connue dans le pays sous le nom de *Notre-Dame-de-la-Crainte.* On prétend qu'elle fut ainsi appelée parce que Marie s'y réfugia pendant que les juifs conduisaient son fils sur la montagne pour l'en précipiter.

Le puits qui porte le nom de *Marie*, et qui se trouve, de nos jours, renfermé dans l'église des Grecs, attira aussi mon attention : on dit que la sainte Vierge allait y puiser de l'eau. Un chemin fort agréable, serpentant au milieu des arbres, y conduit.

Saint Louis, roi de France, se trouvant en Palestine, l'an 1251, alla visiter Nazareth. Voici ce qu'en dit l'historien Fleury.

« Le roi saint Louis était cependant en Palestine, appliqué à faire exécuter, par les émirs d'Egypte, le traité qu'ils avaient fait avec lui. Ils lui renvoyaient de temps en temps quelques prisonniers, mais il en délivra un grand nombre de son argent, tantôt six cents, tantôt sept cents à la fois ; enfin il retira tous les prisonniers qui avaient été faits en Egypte depuis vingt ans. Il fit réparer et fortifier les places que les chrétiens tenaient dans le pays : savoir Acre, le château de Hissa ou Caïpha, Césarée, Joppé et Sidon ; le tout à ses dépens.

» La veille de l'Annonciation, 24 mars 1251, il alla en dévotion à Nazareth. De si loin qu'il aperçut ce saint lieu, il descendit de cheval et se mit à genoux, puis il fit le reste du chemin à pied, quoiqu'il eût ce jour-là jeûné au pain et à l'eau, et qu'il fût bien fatigué. Il fit chanter solennellement vêpres, matines et la messe, qui fut célébrée par le légat Eudes de Châteauroux, et il y fit un pieux sermon. Le roi avait toujours des ornements précieux de diverses couleurs, selon les solennités, et en prenait un soin particulier. De Nazareth il alla, le 28 mars, à Césarée, où il demeura le reste de l'année. »

On m'a dit que les environs de Nazareth étaient infestés d'animaux féroces, qui paraissaient quelquefois dans l'enceinte même de ce lieu, entre autres des loups et des chacals.

Après avoir visité les curiosités de la petite ville de Nazareth et des environs, j'aurais été heureux d'aller gravir le mont Thabor, pour jouir des plus beaux points de vue de l'univers; mais non-seulement mes moments étaient comptés et ne me permettaient pas de faire une telle excursion, le temps était nébuleux, ce qui m'eût privé du plaisir de contempler le pays du haut de cette montagne célèbre sur laquelle une constante tradition place le fait de la Transfiguration de notre Seigneur, quoique d'autres croient qu'elle s'est opérée sur la montagne de Césarée de Philippe. L'Évangile raconte ainsi ce fait.

« Et il fut transfiguré devant eux; et son visage devint brillant comme le soleil; et ses vêtements blancs comme la neige.

» Et voici qu'ils virent paraître Moïse et Elie qui s'entretenaient avec lui.

» Alors Pierre, prenant la parole, dit à Jésus : Seigneur, nous sommes bien ici : faisons-y, s'il vous plaît, trois tentes : une pour vous, une pour Moïse, une pour Elie.

» Lorsqu'il parlait encore, une nuée lumineuse vint les couvrir, et il sortit de cette nuée une voix qui fit entendre ces paroles : Celui-ci est mon Fils bien-aimé, dans lequel j'ai mis toute mon affection; écoutez-le.

» Les disciples entendant cela, tombèrent le visage contre terre et furent saisis d'une extrême frayeur.

» Et Jésus s'approchant, les toucha et leur dit : Levez-vous, et ne craignez point.

» Alors levant les yeux, ils ne virent plus que Jésus seul.

» Lorsqu'ils descendaient de la montagne, Jésus leur fit ce commandement et leur dit :

» Ne parlez à personne de ce que vous venez de voir, jusqu'à ce que le Fils de l'Homme soit ressuscité d'entre les morts. »

Sainte Hélène fit construire sur cette montagne un monastère et trois églises, qui furent nommées les *Trois-Tabernacles*, et qui devinrent un célèbre pèlerinage. Les religieux de Nazareth s'y rendent encore tous les ans, le jour de la Transfiguration, pour y dire la messe et y chanter l'évangile ci-dessus.

Plus heureux que moi, d'autres voyageurs ont pu visiter cette montagne, et D. Géramb en dit :

« Les écrivains qui ont assuré qu'il se termine (le Thabor) en pain de sucre se sont trompés. C'est un plateau d'environ une demi-lieue d'étendue, où l'on ne rencontre que de l'herbe fort élevée, des broussailles, des arbustes, de petits bocages sur les points les plus éminents, et d'énormes tas de pierres, débris des églises que sainte Hélène y avait fait construire pour perpétuer la mémoire du mystère qui s'y était accompli. Le gibier fourmille partout; les endroits touffus et les creux de rochers servent de repaire à des panthères, des sangliers et autres animaux sauvages...

» Le sommet du Thabor est quelquefois tellement enveloppé de brouillards, qu'il est difficile de distinguer les objets même les moins éloignés; on est alors privé du plus beau coup-d'œil qu'il y ait au monde. Heureusement le ciel était pur et sans nuages; le temps était magnifique.

» Au midi se développait, sur une étendue de quinze lieues au moins, le théâtre où Jésus signala son infinie bonté par tant de prodiges. Je le parcourais des yeux; ému, attendri, l'âme pleine de souvenirs, je m'arrêtai à le contempler. L'immense plaine d'Esdrelon, par les carrés de verdure qui en marquent les parties les mieux cultivées, m'offrait l'image d'un vaste damier. A quelques lieues au-delà, je voyais le mont Hermon, au pied duquel se trouve le village de Naïm, célèbre par la résurrection du fils de la veuve ; plus loin, la montagne de Gelboë ; au bas, Endor, où Saül envoya consulter la Pythonisse ; et dans le fond, pour dernier point de perspective, les montagnes de Samarie.

» Vers le nord, le lac de Nazareth, ou mer de Tibériade, la montagne où Jésus adressa à ses disciples son admirable sermon, la plaine où il nourrit cinq mille personnes avec cinq pains et deux poissons, Cana où il fit son premier miracle, et, dans le lointain, la Méditerranée, présentaient un tableau non moins enchanteur. »

Le Thabor a été témoin de deux faits d'armes consignés dans les fastes de la gloire militaire française, quoique à deux époques bien éloignées. Je lis dans l'*Histoire des Croisades* :

« En 1217, pour occcuper les soldats, que l'oisiveté portait toujours à la licence, on forma le projet d'attaquer la montagne du Thabor, où s'étaient fortifiés les musulmans. Le mont Thabor, si célèbre dans l'ancien et le nouveau Testament, s'élève comme un dôme superbe au milieu de la vaste plaine de la Galilée. Le penchant de la montagne est couvert en été de fleurs, de verdure et d'arbres odoriférants. De la cime du mont, qui forme un plateau d'une lieue d'étendue, on aperçoit toutes les rives du Jourdain, le lac de Tibériade, la mer de Syrie, et la plupart des lieux où Jésus-Christ opéra ses miracles.

» On ne pouvait arriver à ce point escarpé sans

affronter mille dangers. Rien n'intimida les guerriers chrétiens ; le patriarche de Jérusalem, qui marchait à leur tête, leur montrait le signe de la rédemption, et les animait par son exemple et par ses discours. D'énormes pierres roulaient des hauteurs occupées par les infidèles ; l'ennemi faisait pleuvoir en outre une grêle de javelots sur tous les chemins qui conduisaient de la montagne. La valeur des soldats de la croix brava tous les efforts des Sarrasins ; le roi de Jérusalem se signala par des prodiges de bravoure, et tua de sa main deux émirs. Parvenus au sommet du Thabor, les croisés dispersèrent les musulmans, les poursuivirent jusqu'aux portes de la forteresse : rien ne pouvait résister à leurs armes. — Mais tout-à-coup quelques-uns des chefs redoublèrent les entreprises du prince de Damas, et la crainte d'une surprise agit d'autant plus vivement sur les esprits, que personne n'avait rien prévu. Tandis que les musulmans se retiraient pleins d'effroi derrière leurs remparts, une terreur subite s'empara des vainqueurs : les croisés renoncèrent à l'attaque de la forteresse, et l'armée chrétienne se retira sans rien entreprendre ; comme si elle ne fût venue au mont Thabor que pour y contempler le lieu de la Transfiguration du Sauveur.

» On ne pourrait croire à cette fuite précipitée sans le témoignage des historiens contemporains ; les anciennes chroniques ne manquent pas, selon l'usage, d'expliquer par la trahison un événement qu'elles ne peuvent comprendre, il nous paraît cependant plus naturel d'attribuer la retraite des croisés à l'esprit de discorde et d'imprévoyance qu'ils portaient dans toutes leurs expéditions. Cette retraite eut les suites les plus funestes. Tandis que les chefs se reprochaient entre eux la honte de l'armée et la faute qu'ils avaient faite, les chevaliers et les soldats étaient tombés dans le découragement. Le patriarche de Jérusalem refusa de porter désormais devant les croisés la croix de Jésus-Christ, dont la vue ne pouvait ranimer ni leur piété ni leur courage. »

Mais cette catastrophe fut noblement vengée, le 16 avril 1799, par l'armée française; écoutons l'histoire contemporaine.

« Pendant qu'on poussait avec vigueur les mines et les travaux du siége de Saint-Jean-d'Acre, Bonaparte apprit qu'une armée nombreuse, conduite par le pacha de Damas, était en mouvement pour nous attaquer sous les murs de la ville. Djezzar le savait aussi, et redoublait ses sorties furieuses pour nous occuper de la place, espérant que ses alliés viendraient nous y surprendre et nous y anéantir. Bonaparte avait poussé vers le Jourdain deux petits corps d'observation, Kléber avec sa division à Nazareth, et Murat avec deux mille hommes à Jaffa. L'armée ennemie, forte de quarante mille hommes, dont vingt mille cavaliers, débouchait avec fracas par tous les points de la Tibériade. Kléber en informa le général en chef, en lui annonçant son dessein de marcher à l'ennemi et en demandant quelques secours. Murat reçut ordre de le joindre à marches forcées avec sa cavalerie. Bonaparte lui-même se disposa à partir avec la division Bon, pour le soutenir et livrer une bataille décisive. Djezzar essaya auparavant une sortie sur trois colonnes pour détruire nos travaux; mais mitraillé à outrance, il laissa le terrain couvert de morts et de blessés. Les soldats anglais et musulmans, repoussés avec cette énergie, rentrèrent dans la place. Bonaparte se mit aussitôt en marche.

» Kléber était arrivé dans les plaines qui s'étendent au pied du mont Thabord, non loin du village de Fouli. Il avait eu l'idée de surprendre le camp turc pendant la nuit; mais, égaré par ses guides, il n'arriva qu'à six heures du matin, et trouva toute l'armée ennemie en bataille. A peine eut-il mis en carré ses trois mille hommes, que les escadrons asiatiques s'ébranlent et nous chargent avec la plus grande impétuosité. Jamais les Français n'avaient vu tant de cavaliers caracoler et se précipiter dans tous les sens. Le reste de l'armée du pacha s'avance au pas de course, en poussant des cris épouvantables. Il semblait que notre division dût être réduite en poudre; mais, immobiles à leur poste, nos braves opposent de toutes parts une triple haie de baïonnettes, et bientôt font, à bout portant, un feu terrible, qui jonche le terrain de cadavres, et oblige ces superbes Orientaux à rétrograder. Les charges se renouvellent avec une intrépidité furieuse, elles sont toujours repoussées avec la même énergie. Retranchés derrière un rempart d'hommes et de chevaux, nos soldats résistèrent six heures de suite à l'impétuosité et au charges multipliées par leurs adversaires ; mais enveloppées par une armée quinze fois plus nombreuse, il était évident que cette troupe de héros, accablée par la fatigue et le nombre, finirait par trouver, au pied du mont Thabor, une mort glorieuse.

» Il était une heure après midi ; on combattait avec acharnement sur tous les points. Tout-à-coup le bruit du canon se fait entendre dans le lointain. « C'est Bonaparte ! s'écrièrent les soldats, pleins d'ardeur et d'enthousiasme, c'est lui qui vient à notre secours. »

» C'était lui, en effet, qui venait soutenir son héroïque lieutenant. — Arrivé sur une éminence, à trois lieues du champ de bataille, il avait vu la plaine couverte de feu et de fumée, et la brave division Héber entièrement enveloppée, et luttant contre une armée innombrable. — A la vue du danger de leurs frères d'armes, les soldats demandèrent à grands cris le combat. Bonarparte partage sa division en deux carrés qui s'avancent rapidement, de manière à former un triangle équilatéral avec la division Kléber, et à mettre l'ennemi au milieu d'eux. On avait marché en silence, et à une demi-lieue seulement de distance l'artillerie fit une décharge pour annoncer le secours. — Des cris de joie s'élevèrent de tous les rangs, et les soldats combattaient avec une nouvelle énergie, lorsque Bonaparte paraît tout-à-coup sur le champ de bataille. Son apparition fut un coup de foudre pour les ennemis. Un feu épouvantable, partant des trois extrémités du triangle, écrase et disperse les mameluks qui étaient au milieu. Les escadrons fuient dans le plus grand désordre. Kléber prend à son tour l'offensive, et lance sur Forli une colonne de deux cents grenadiers qui s'avance avec audace, en faisant pleuvoir un feu terrible à droite et à gauche sur les fantassins ennemis qui résistent. Le village est emporté à la bayonnette. Foudroyée par l'artillerie, repoussée de tous côtés par la fusillade ou l'arme blanche, toute cette multitude se précipite derrière le mont Thabor, et s'écoule en désordre vers le Jourdain. Notre infanterie la poursuit au pas de charge, la bayonnette dans les reins, et les fuyards tombèrent au milieu de la cavalerie de Murat, qui les tailla en pièces et les força à se jeter dans le Jourdain ; un grand nombre d'entre eux y fut englouti.

« L'armée ottomane perdit dans cette journée plus de six mille hommes, un convoi de cinq cents chameaux, des provisons et un butin considérable. Notre perte fut de trois cents hommes tués ou blessés. Chose merveilleuse! six mille Français avaient suffi pour détruire cette armée, quo les habitants disaient aussi nombreuse que les étoiles du ciel et les sables du désert.

» Cette victoire décisive du mont Thabor produisit tant d'effet sur nos ennemis, qu'ils n'osèrent plus nous inquiéter pendant toute la durée du siège. Épouvantés, les musulmans, se dispersèrent dans leurs provinces et n'en sortirent plus. Kléber témoigna une grande admiration de la belle manœuvre qui avait décidé la bataille; il sentait que son général en chef lui avait sauvé l'honneur et la vie.

» Bonaparte, après avoir laissé une division à Nazareth, s'empressa de revenir à Saint-Jean-d'Acre.

J'aurais également voulu aller voir le lac de Tibériade, appelé aussi mer de Galilée, traversé par le Jourdain, et dont, à ce que me disaient les bons religieux, le site est si beau; j'aurais voulu voir aussi l'endroit où était situé Capharnaüm que le sauveur appelait *sa ville*, où il fit tant de miracles; mais il fallut encore renoncer à ce projet. Quoique mes moments fussent en quelque sorte comptés, je ne voulus cependant point quitter ce pays sans avoir vu Cana en Galilée où Jésus-Christ fit son premier miracle, où ses disciples crurent en lui. Mes compagnons de route n'étaient pas trop comptants de m'accompagner, parce que cette excursion nous éloignait un peu du terme de notre voyage; mais comme Cana n'est situé qu'à deux lieues de Nazareth, je finis par les décider. Il fut convenu que nous partirions à quatre heures du matin, que nous ne nous arrêterions pas longtemps pour arriver encore dans la même journée à Saint-Jean-d'Acre. Je me couchai donc de bonne heure après avoir fait mes adieux à mes excellents hôtes et avoir encore placé dans ma malle quelques souvenirs de Nazareth.

A peine avais-je dormi pendant quelques heures, que je fus éveillé par des hurlements abominables. Je ne sus ce que c'était et ne pus m'expliquer ces cris, ces aboiements horribles. Avant mon départ, je voulus en connaître la cause; un des religieux m'apprit que les Turcs ayant l'habitude de laisser dans les rues les corps des animaux morts, l'odeur de ces bêtes ainsi abandonnées attirait pendant la nuit, à Nazareth, les loups et les chacals des environs, pour les dévorer, et que les cris que poussent alors ces derniers éveillent les chiens qui leur répondent par leurs aboiements. Quels pays où l'on ne peut pas même dormir tranquillement ! — Je quittai donc ce beau monastère, où pendant le court séjour que j'y fis, je fus à même d'apprécier les mêmes qualités et l'ardente charité des religieux qui l'habitent.

CHAPITRE XVI.

CANA.

Nous nous mîmes en route par une belle, mais fraîche matinée. Personne ne manqua au rendez-vous. Le chemin que nous suivîmes est mauvais et traverse des montagnes dans lesquelles nous rencontrâmes plusieurs défilés dont le passage était très-difficile. Nos grecs, quoiqu'habitués à ces excursions, se plaignirent et murmurèrent d'avoir cédé à ma sollicitation : eux ne désiraient pas voir Cana ; ils avaient vu Jérusalem, le Jourdain, Bethléem, cela leur suffisait.

Après une marche de trois heures et demie, nous entrâmes enfin dans Cana. Cet endroit, qui faisait autrefois partie de la basse Galilée, dans la tribu Zabulon, est bâti sur le penchant d'une colline. Les environs paraissent très-fertiles ; nous avons surtout remarqué beaucoup et de beaux arbres fruitiers. Ville autrefois, ce n'est plus de nos jours qu'un village dont les habitants sont loin d'être dans l'aisance. Nous avons vu, en passant, de nombreuses ruines, qui, à côté des pauvres cabanes servant de demeure aux Arabes, présentent un contraste frappant avec l'ancien état de Cana.

On nous conduisit à l'emplacement où était située la maison dans laquelle le Sauveur fit son premier miracle. L'impératrice Hélène y avait fait construire une belle église; les Turcs s'en emparèrent plus tard pour en faire une mosquée : elle n'offre plus qu'un amas de ruines, au milieu desquelles on voit deux tronçons de colonnes, qu'on prétend avoir été élevées à l'endroit où fut opéré le mirable.

Nous vîmes aussi une chapelle desservie par un prêtre grec. Les pèlerins y entrèrent d'abord, puis me firent signe d'entrer aussi dans ce petit sanctuaire. Je les suivis. Le prêtre nous montra une grosse cruche de pierre, lourde et informe, et expliqua avec une certaine emphase que c'était une de celles qui contenait l'eau changée en vin par notre Seigneur. Et nos grecs de se précipiter aussitôt à genoux, et d'aller dévotement l'un après l'autre couvrir de baisers ce vase. Comme ils voyaient que je restais immobile à ma place, et que je paraissais ne pas ajouter foi à ce récit du prêtre de leur secte, ils lancèrent sur moi un regard foudroyant, comme pour me reprocher mon incrédulité. Je ne me permis cependant pas un geste, un signe qui pussent exprimer mon doute à cet égard, de crainte d'être lapidé par ces Grecs.

Après nous être un peu restaurés avec les excellents fruits, surtout les délicieuses figues qu'on nous offrit, nous continuâmes notre marche à travers un pays dont la fertilité nous frappa. Nous aperçûmes de beaux troupeaux dans les champs, et, à dix minutes de Cana, un puits qui doit avoir fourni l'eau changée en vin. Nous en bûmes un peu ; elle est fort bonne.

Nos Grecs marchèrent bien, dans la crainte d'arriver trop tard à Acre. A les entendre, on eût dit qu'un vaisseau était là sur la rade, attendant leur arrivée pour les transporter sur-le-champ dans leur pays natal. Chemin faisant, je me rappelai que nous étions dans le voisinage de la fameuse ville de Tyr, dont le nom a retenti avec tant de gloire dans l'antiquité. Maîtresse et reine des mers, cette cité étendit son commerce jusque dans l'Océan, sur le golfe Persique, sur la mer Rouge : Carthage, Cadix, Uthique, et plusieurs autres colonies fondées par elle, prouvent jusqu'à quel point de grandeur elle était parvenue ; mais elle abusa de sa puissance, insulta au malheur des nations vaincues, et mérita enfin d'être châtiée du ciel. Ecoutons la terrible prophétie d'Ezéchiel contre cette ville.

« Le premier jour du mois de la onzième année, le Seigneur me dit ces paroles.

» Fils de l'homme, parce que Tyr a dit de Jérusalem, avec des cris de joie : les portes de cette ville si pleine de peuples sont brisées, ses peuples viendront à moi, je m'agrandirai de ses ruines, maintenant qu'elle est déserte ;

» Voici ce que dit le Seigneur Dieu : Je viens contre vous, ô Tyr, et je ferai monter contre vous plusieurs peuples, comme la mer fait monter ses flots.

» Ils détruiront les murs de Tyr, et ils abattront ses tours, j'en râclerai jusqu'à la poussière, et je la rendrai comme une pierre luisante.

» Elle deviendra au milieu de la mer un lieu pour servir à sécher les rets, parce que c'est moi qui ai parlé, dit le Seigneur Dieu ; et elle sera livrée en proie aux nations.

» Ses filles qui sont dans les champs seront aussi passées au fil de l'épée, et ils sauront que c'est moi qui suis le Seigneur.

» Car voici ce que dit le Seigneur Dieu : Je vais faire venir du pays du septentrion à Tyr Nabuchodonozor, roi de Babylone, ce roi des rois, avec des chevaux, des chariots de guerre, de la chevalerie et de grandes troupes composées de divers peuples.

» Il dressera contre vos murs ses mantelets et ses béliers, et il détruira vos tours par ses armes.

» La multitude de ses chevaux vous couvrira d'un nuage de poussière, et le bruit de sa cavalerie, des roues et des chariots fera trembler vos murailles, lorsqu'il entrera dans vos portes, comme par la brèche d'une ville emportée d'assaut.

» Le pavé de toutes vos rues sera foulé par les pieds de ses chevaux ; il fera passer votre peuple par le tranchant de l'épée, et il renversera par terre vos belles statues.

» Ils feront leur butin de vos richesses, pilleront vos marchandises, renverseront vos murailles, ruineront vos magnifiques maisons, et ils jetteront au milieu des eaux les pierres, le bois et la poussière même de vos bâtiments.

» Je ferai cesser la multitude de vos concerts de musique, et on n'entendra plus le son de vos harpes.

» Je vous rendrai comme une pierre lissée; vous deviendrez un lieu à sécher les rets, et vous ne serez plus rebâtie, parce que c'est moi qui ai parlé, dit le Seigneur Dieu.

» Voici ce que le Seigneur Dieu dit à Tyr : Les îles ne trembleront pas au bruit de votre chute, et aux cris lugubres de ceux qui seront tués dans le carnage qui se fera au milieu de vous....

» Lorsque je vous aurai rendu comme les villes qui ne sont plus habitées, que j'aurai fait fondre une tempête sur vous, et que je vous aurai couvert d'un déluge d'eaux.

» Lorsque je vous aurai précipité avec ceux qui descendent dans la fosse profonde, pour vous joindre à la multitude des morts éternels; lorsque je vous aurai placé au fond de la terre avec ceux qui sont descendus dans le tombeau, pour être toujours inhabité comme dans les solitudes de plusieurs siècles, et qu'en même temps j'aurai rétabli ma gloire dans la terre des vivants.

» Je vous réduirai à rien; vous ne serez plus; on vous cherchera, on ne vous trouvera plus jamais, dit le Seigneur.

L'histoire est là pour prouver la réalisation de cette terrible menace. Alexandre-le-Grand, ce conquérant rapide, *en présence duquel la terre se tut*, prit cette ville célèbre après un siége de sept mois, après avoir fait élever une digue qui la réunit à la terre-ferme ; elle fut emportée malgré la résistance la plus opiniâtre, saccagée et détruite de fond en comble. — Après bien des vicissitudes, Tyr se rétablit, mais ne recouvra jamais son ancienne splendeur. Du temps de Jésus-Christ, elle était assez commerçante, et une foule de ses habitants alla entendre les paroles du salut du Messie. Saint Paul la visita aussi. Elle fut déclarée métropole sous le règne d'Adrien, et prise et reprise plus tard par les chrétiens. Elle opposa une vigoureuse résistance à Saladin et eut au douzième siècle pour évêque Guillaume, le meilleur des historiens des croisades.

Cette ville, jadis si opulente, si peuplée, ne compte plus, de nos jours, qu'un millier d'habitants catholiques, avec un archevêque, établis sur la langue de terre en face des ruines de l'ancienne cité, et s'occupant de pêche. Tyr porte aujourd'hui le nom de *Sour*. La jetée d'Alexandre-le-Grand subsiste encore sur une lieue de longueur.

A quelques lieues de là, vers le nord, est situé Sidon, aujourd'hui Saïde, ville également célèbre dans l'histoire sacrée et profane. Elle était la capitale de la Phénicie, et l'on prétend que ses habitants furent les premiers navigateurs de l'antiquité. Tyr, sa voisine et sa rivale, fondée par elle, finit par lui imposer ses lois. Nabuchodonosor n'épargna pas plus cette ville que celle de Tyr, et emmena les habitants à Babylone. — Cyrus y établit sa domination, l'ayant enlevée aux Egyptiens. — Alexandre-le-Grand s'en empara aussi, et en nomma roi un certain Abdolonyme, issu du sang royal, mais qui avait été contraint d'exercer le métier de jardinier pour pouvoir subsister. Le conquérant macédonien lui avait demandé comment il avait supporté sa misère : » Je prie le Ciel, lui répondit le nouveau monarque, de pouvoir supporter de même la grandeur ; car mes bras ont fourni à tous mes désirs, et je n'ai manqué de rien, tant que je n'ai rien possédé.

Sidon a appartenu successivement aux successeurs d'Alexandre, aux rois d'Egypte, aux Romains, aux Musulmans. Les croisés s'en emparèrent aussi à différentes reprises. Saint Louis en répara les fortifications en 1257. On dit que les Sidoniens ont inventé le verre et la manière de tisser le lin. Ils étaient aussi d'habiles charpentiers, et construisirent avec du bois de cèdre la charpente du temple de Salomon, à Jérusalem.

Sidon fut de bonne heure instruite dans la doctrine de l'Evangile. L'histoire de la Chananéenne est trop belle pour ne pas trouver sa place ici :

» Jésus, étant parti de là, se rendit du côté de Tyr et de Sidon.

» Et voilà qu'une femme chananéenne, qui était sortie de ce pays-là, s'écria en lui disant : Seigneur, fils de David, ayez pitié de moi; ma fille est misérablement tourmentée par le démon.

» Mais il ne lui répondit pas un mot. Et ses disciples, s'approchant de lui, le priaient en lui disant : Renvoyez-la parce qu'elle crie après nous.

» Il leur répondit : Je n'ai été envoyé qu'aux brebis perdues de la maison d'Israël.

» Mais elle s'approcha, l'adora, disant : Seigneur, assistez-moi.

» Il répondit : Il n'est pas juste de prendre le pain des enfants pour le donner aux chiens.

» Elle lui répliqua : Il est vrai, Seigneur; mais les petits chiens mangent au moins les miettes qui tombent de la table de leurs maîtres.

» Alors Jésus lui dit : O femme ! votre foi est grande ; qu'il vous soit fait comme vous le désirez. Et sa fille fut guérie à l'instant même.

On m'a rapporté que la ville moderne est assez bien bâtie, dans un territoire fertile, sur une éminence, à l'extrémité d'une campagne riante, encadrée par les mamelons du Liban. Elle est peuplée de Turcs, de Grecs, de Maronites, qui y vivent en paix entre eux et s'appliquent au commerce, et qui est cependant peu important. On dit qu'elle a de fort beaux jardins, qui abondent en bananes, en cannes et en abricots blancs : ce dernier fruit doit y être délicieux. On m'a assuré qu'on voyait encore dans ces environs quelques restes d'un ancien pavé en mosaïque que les siècles ont respecté.

CHAPITRE XVII.

ACRE.

Nous nous approchâmes de Saint-Jean-d'Acre, dont les remparts m'annoncèrent que nous allions entrer dans une forteresse. Nous avions traversé un vaste champ d'absinthe, et nous vîmes les ruines d'acqueducs qui touchaient presque aux murs de la ville. Du côté opposé, cette cité est baignée par la mer, qui brillait encore des feux du soleil.

Arrivés à la porte, un officier nous arrêta. Nous présentâmes nos firmans, et il nous permit de passer outre. Nous nous dirigeâmes aussitôt vers le port, pour nous informer de l'arrivée des vaisseaux qui devaient nous conduire, moi en Egypte, mes compagnons de route en Grèce; mais nous n'en trouvâmes point. Les Grecs parurent désolés de ce nouveau contre-temps, et prirent aussitôt la résolution de se rendre à Baïrouth, dans l'espérance d'y être plus heureux qu'à Jaffa et à Acre. Je leur annonçai mon dessein d'aller loger au couvent des pères franciscains, les priant de venir me voir le

endemain, avant leur départ; ils le promirent;
mais je ne les revis plus. Comment sont-ils retournés dans leur patrie? — Je l'ignore.

Je me fis donc conduire au monastère des Religieux latins. Je fus reçu, comme partout, en ami, en frère. Les bons pères, au nombre de neuf, partagèrent ma douleur en apprenant mon désappointement de ne pas trouver le vaisseau partant pour Alexandrie; ils m'offrirent avec beaucoup de politesse le logement et la table chez eux, jusqu'à ce que je pusse quitter les rivages de l'Asie : forcé d'accepter, je leur en témoignai d'avance ma reconnaissance, et je m'installai.

Acre, nommée plus tard Ptolémaïs, et Akka par les Orientaux, est située sur une baie ; c'est une ville d'une étendue médiocre. Elle joua un grand rôle dans l'histoire des croisades: mais on la voit déchoir considérablement vers le milieu du dix-huitième siècle, jusqu'à ce que, étant tombé au pouvoir du cheik Daher, elle reprit un peu d'importance; mais son successeur, le fameux Djezzar, la fortifia et l'embellit. Tout le monde connaît la résistance que cette place opposa à Bonaparte, quand, après la prise de Jaffa, il alla en faire le siége. L'amiral anglais Sidney Smith et deux émigrés français, Phélippaux et Tromelin, s'y étaient jetés et dirigeaient la défense. En deux mois, l'armée française livra huit assauts; la garnison fit douze sorties. A l'un de ces assauts, deux cents soldats pénétrèrent dans la ville; on croyait déjà la victoire assurée ; mais ces braves furent obligés de se retirer devant les rues baricadées. On vit alors les femmes turques et arabes poussant des hurlements affreux, en jetant de la poussière en l'air, selon l'usage du pays.

A ce siége, Bonaparte vit pour la première fois son étoile pâlir. Malgré les prodiges de la plus brillante valeur et du plus rare dévoûment, les assiégeants furent forcés de se retirer devant la constance et la fermeté des assiégés. Ne pouvant tenir plus long-temps devant une ville maîtresse de la mer, et manquant presque de munitions, Bonaparte annonça à son armée qu'il renonçait à la conquête de Saint-Jean-d'Acre. Il rentra donc en Egypte avec elle, exposé aux ravages d'une affreuse contagion, qui lui enleva six cents hommes ; il en avait déjà perdu douze cents par la guerre. Les Turcs montrent encore avec un certain orgueil ces remparts, devant lesquels Bonaparte se retira.

Comme il ne fut point question de départ, j'eus le loisir de voir la ville dans tous ses détails. Ma première sortie fut encore pour le port. J'espérais toujours voir arriver un bâtiment ; mais aujourd'hui, comme hier, point de nouvelles. On me rassura cependant en me disant que probablement sous peu de jours on en verrait un venant de Constantinople. On ne savait rien de positif, mais il y avait de fortes présomptions.

Je vis sur mon passage plusieurs cafés remplis de Turcs, les uns fumant, les autres savourant

l'eau bouillie avec de la fève de Moka ou l'opium.
Je visitai ensuite le kan français, où je trouvais
plusieurs négociants compatriotes avec le consul
établis dans le même édifice, que j'aurais plutôt
pris pour un couvent que pour un établissement
appartenant au commerce. Les rues d'Acre sont
peu larges, obscures et humides. Parmi les monuments publics, je remarquai la mosquée construite
par Djezzar, ornée de belles colonnes de marbre
recueillies dans les villes voisines, et surmontée
d'une coupole. Quelques murailles en ruines annoncent encore la présence des anciens chevaliers
de l'ordre de Saint-Jean. Je vis ensuite deux bazards, quelques bains publics, qu'on prétend être
les plus beaux de l'empire, et une belle fontaine en
marbre blanc. J'aurais aussi voulu voir la citadelle,
mais on ne me le permit pas.

Des fenêtres du kan français on jouit d'une belle
vue sur la rade de Caïffa, les plaines de Palestine et
le mont Carmel; je ne pus me lasser de contempler
ce ravissant spectacle.

Huit jours se sont écoulés depuis mon arrivée à
Ptolémaïde; malgré les soins des bons religieux,
je m'ennuyais beaucoup ne sachant que faire ici.
Je me mis à rédiger des notes sur mon voyage; je
sortis chaque jour pour me promener et pour voir,
mais quoi! j'ai tout vu; cependant j'eus une rencontre assez singulière. En passant devant un café,
j'aperçus une foule de musulmans accroupis et silencieux, laissant échapper des bouffées de fumée

de leurs longs tuyaux de pipe, et rangés autour d'un homme qu'ils écoutaient dans un calme imperturbable. A le voir et à l'entendre on aurait dit qu'il prêchait. Ne pouvant me faire expliquer ce que signifiait cette réunion, j'attendis mon retour au monastère; les religieux m'apprirent que l'homme en question était un conteur qui debitait à ses auditeurs quelque légende de l'histoire du mahométisme, ou la vie d'un de leurs hommes distingués en assaisonnant son récit de faits piquants et de leçons de morale. J'admirai la simplicité de ces bonnes gens, ainsi que leur patience.

Enfin, après dix-sept jours d'attente, on vint m'annoncer qu'il était arrivé en rade un brigantin turc de Constantinople se rendant à Alexandrie. — Je m'embarquai donc deux jours après, avec une vingtaine d'autres personnes, parmi lesquelles quelques Européens, et nous cinglâmes par un bon vent vers l'Egypte.

CHAPITRE XVIII.

L'ÉGYPTE.

Il est des contrées qui semblent privilégiées entre tous les pays de la terre et destinées par la Providence à jouer un grand rôle dans l'histoire de la civilisation. Placées au premier rang dans la lutte contre la barbarie, elles portent et reçoivent tour à tour les plus rudes coups : telles furent autrefois l'Egypte, la Grèce, l'Italie ; telles sont aujourd'hui la France, l'Allemagne et Rome. Foyer éclatant de lumière, pivot mystérieux de la civilisation ancienne, retraite où se forma et grandit dans l'ombre et dans la persécution ce peuple juif que Dieu avait choisi pour être le dépositaire de sa loi, point de jonction des deux mondes grec et oriental, grande route naturelle de l'Europe aux Indes et à l'Arabie, voie des idées, des hommes et des choses, l'Egypte, plus peut-être que toute autre contrée, subit cette grande destinée et se vit appelée à être successivement ou le flambeau ou la victime de cette œuvre de la civilisation.

Et en effet quelle nation a produit de plus grandes choses que la nation égyptienne! Quelle contrée a vu s'élever dans son sein des monuments comparables à ceux de l'Egypte? Quelle imagination, en entendant prononcer ce nom, ne s'échauffe, ne s'enthousiasme, ne s'efforce de concevoir tout ce qu'il y a de plus grand, de plus majestueux, de plus imposant parmi les ouvrages des hommes, et qui ne s'avoue surpassée, vaincue au spectacle de la réalité, à la vue de ces tombeaux, de ces pyramides, de ces obélisques, de ces sphinx, sentinelles immobiles du temps, étendues, dressées ou enfoncées depuis quarante siècles parmi les sables du désert.

Le sabre de l'Arabe et le marteau bien moins barbare de l'antiquaire furent impuissants contre de telles œuvres. Quand on voit à la base de la grande pyramide la montagne de pierres que les dévastateurs en ont enlevées, on n'ose porter ses regards sur le monument; on craint qu'il ne s'écroule; mais lève-t-on les yeux! on le voit s'élancer majestueusement dans les airs, et il paraît à peine être effleuré.

O Egypte! terre de Pharaons, des Ptolémées; berceau du législateur des Hébreux, salut! Salut, terre célèbre et noble entre toutes les terres; mère des sciences et des arts, antique flambeau de lumière, salut! Tu instruisis la Grèce, tu éclipsas pendant dix siècles les empires les plus glorieux, que tu subjuguas deux fois! C'est dans ton sein; c'est à l'ombre de tes grandes institutions que se formèrent les hommes qui, à leur tour, civilisèrent les autres peuples; mais, comme ce Dieu de l'Olympe païen, tu as été détrônée par tes enfants; les bienfaits que tu leur prodiguas sont devenus entre leurs mains des armes pour te déchirer le sein; jouet infortuné des nations, tu es devenue successivement la proie des barbares sans nom, puis des Perses, des Grecs, des Romains, des Arabes, des Français et des Turcs; mais à travers toutes ces infortunes, toutes ces vicissitudes du sort, ton nom a traversé, glorieux et entouré du prestige de la gloire, les siècles jusqu'à nous. Tous les fléaux ont passé sur toi, et tu leur as survécu à tous, tu es toujours resté la même, au faîte de la puissance, ou, reine déchue, sous le joug de l'étranger.

Puissent enfin, après de si cruelles épreuves, luire sur toi des jours plus beaux, plus sereins, des jours de paix et de bonheur! Puisses-tu, par tes souffrances séculaires, avoir payé la glorieuse mission que tu fus appelée à remplir aux premiers jours du monde! Puissent tes maîtres se radoucir enfin et comprendre le prix inestimable du beau joyau qu'ils possèdent en toi!

Voici donc cette terre, voici les descendants de ce peuple devant le génie duquel s'est incliné le génie de la Grèce, de ce peuple qui fut le maître d'Orphée, de Lycurgue et de Solon, le maître de Platon et de Pythagorre, de ce peuple enfin qui eut l'insigne honneur de voir sa constitution et son gouvernement loués et admirés par Bossuet. Qu'est-il devenu aujourd'hui ?

Un homme s'est trouvé auquel la Providence paraît avoir donné, avec la puissance souveraine sur l'Egypte, l'intelligence de la mission à laquelle il était appelé. L'Egypte païenne, avait jadis éclairé et civilisé l'Europe païenne ; l'Egypte musulmane vient demander aujourd'hui le même service à l'Europe chrétienne. Le bandeau du fanatisme tombe par degré des yeux des Orientaux ; depuis 1826, quatre-vingt-dix jeunes Egyptiens sont venus en France chercher la lumière pour la répandre parmi leurs concitoyens.

Des écoles de médecine, de mathématiques, de science et d'industrie furent fondées au Caire par Méhémet-Ali, plus de douze cents élèves en sont sortis. Maîtres à leur tour, ils enseignent à leurs compatriotes les sciences de l'Occident chrétien, et jettent dans leur esprit des germes féconds qui ne peuvent manquer d'y prospérer et de les préparer merveilleusement à recevoir un jour la grande lumière de l'Evangile, car il me semble que, par un singulier retour, la doctrine chrétienne, qui a porté la science et la civilisation au sein des autres barbaries, aime, dans celle-ci, à s'en faire précéder.

Méhémet-Ali est parvenu à naturaliser en Egypte l'imprimerie, les machines à vapeur, les télégraphes, l'éclairage au gaz, les constructions hydrauliques les plus savantes ; il a creusé des canaux, ouvert des routes, exploité le sol, accrut ses produits; il communique avec toutes les contrées voisines, forme et entretient une armée de terre et de mer, en même temps qu'il comprime l'opposition des Ulémas et la résistance des Osmanlis, qu'il assujettit l'Arabie, la Haute-Nubie, et les peuples nomades de la Lybie.

La terre des Pharaons est aujourd'hui divisée, comme la France, en provinces, départements et arrondissements; elle a ses assemblées provinciales et centrales, qui délibèrent sur les affaires de l'intérieur de l'Egypte, et dont les séances sont publiques. Une législation pénale et civile a été adoptée; la valeur des monnaies altérées par l'agiotage a été fixée définitivement; un arsenal maritime a été établi à Alexandrie sous la direction d'un ingénieur français; dix-sept cents ouvriers y ont été employés. Plusieurs centaines de jardiniers, qu'on y a fait venir de l'Europe, y ont propagé les bonnes méthodes de culture; plus de deux cents ouvrages ont déjà été publiés par l'imprimerie du Caire; enfin, un journal imprimé en arabe et en turc, sous le titre de: *Evènements de l'Egypte*, publie toutes les nouvelles locales ou étrangères qui peuvent intéresser ou instruire la population : et comme symbole de la mission qu'il se propose, ce journal porte gravée en tête une pyramide, avec un palmier et un soleil levant.

On trouve aujourd'hui en Egypte des bibliothèques scientifiques et littéraires; des musées, des collections d'instruments de physique, de chimie, d'anatomie, de chirurgie, ainsi que des ustensiles et des machines pour les exploitations agricoles.

L'Egypte s'étend sur les deux rives du Nil sur une longueur d'environ deux cent vingt lieues. C'est une plaine ou plutôt une longue vallée, d'une fertilité prodigieuse, encaissée entre deux chaînes de montagnes entièrement nues, d'un sol granique au sud et calcaire au nord. A environ cinquante lieues de la mer, ces deux chaînes s'éloignent l'une de l'autre : la chaîne lybique s'enfonce dans le désert, se bifurque, et entre ses deux rameaux s'étend une plaine vaste et marécageuse, qui fut jadis le lac Mœris. Dès que les montagnes l'abandonnent, le Nil se ramifie; ce n'est plus alors le grand fleuve, c'est une multitude de rivières sans lit fixe, qui, coupées par des canaux, parcourent lentement et nonchalamment les terres basses et fécondées qui forment le Delta.

L'Egypte entière, comme on le sait, est un don du Nil; le Delta est tout entier un produit du fleuve. C'était d'abord un golfe avec un embouchure telle que celle de la Loire ou de Rio de la Plata : le limon du Nil le remplit peu à peu, et dota le continent africain d'une grasse et riche province avec trois ports, plusieurs grandes villes et une population qui équivaut presque à la moitié de l'Egypte entière.

Le ciel de l'Egypte est d'une sérénité parfaite; il

ne pleut jamais dans la Haute-Egypte, et fort rarement dans la Basse. En revanche, le sol est fécondé par les débordements périodiques du Nil et produit deux récoltes par an.

La Grèce sortait a peine de la barbarie, que déjà des tranchées, des canaux, et des ouvrages exécutés d'après toutes les règles du nivellement et de la science hydraulique distribuaient les eaux du Nil dans les terres et fertilisaient les sables désert. Les villes élevées sur des bases artificielles surnagent à l'inondation comme autant d'îles, qui, semées sur cette mer d'un jour, communiquent entre elles par de longues et hautes chaussées.

CHAPITRE XIX.

ALEXANDRIE.

Telles et autres étaient les réflexions auxquelles je me livrai pendant la navigation, qui fut des plus heureuses, lorsque nous aperçûmes les côtes blanchâtres et basses de l'Egypte. Nous distinguâmes enfin Alexandrie derrière une forêt de mâts. L'entrée du port de cette ville est dangereuse, nous ne pûmes approcher qu'à l'aide d'un pilote. Nous jetâmes l'ancre à deux heures après midi. Plusieurs chaloupes entourèrent aussitôt notre navire et nous fûmes obligés de faire trois jours de quarantaine.

La ville d'Alexandrie doit son origine à Alexandre-le-Grand. (L'an 334 avant Jésus-Christ).

» Après avoir passé Canope, ce conquérant remarqua sur la côte de la Méditerranée, vis-à-vis de l'île de Pharos, un endroit qui lui parut tout-à-fait propre à bâtir une ville. Il en dressa lui-même le plan, et désigna les lieux où devaient être les temples et les places publiques. Pour la bâtir, il se servit de l'architecte Dinocrate, fameux pour avoir rebâti, à Ephèse, le temple de Diane brûlé par Erostate. Il appela cette ville de son nom, Alexandrie, et elle devint la capitale du royaume. Son port, qui était des plus commodes, ayant la Méditerranée d'un côté, le Nil et la mer Rouge dans le voisinage, y attira le commerce du levant et du couchant, et la rendit une des villes les plus florissantes dn monde…. »

» L'art de l'architecte et la magnificence du prince concoururent à l'envi pour l'embellir, et semblèrent s'épuiser pour la rendre une des plus grandes et des plus magnifiques villes de la terre. Elle était environnée d'une grande étendue de murailles et fortifiée de tours. Il y avait un port, des aqueducs, des fontaines, des canaux d'une grande beauté : un nombre presque infini de maisons pour les habitants, des places et des bâtiments magnifiques, des lieux publics pour les Juifs et pour les spectacles; enfin des temples et des palais si spacieux et en si grand nombre, qu'ils occupaient presque le tiers de toute la ville.

« Un bâtiment considérable qu'on fit quelque temps après dans le voisinage de la ville, la rendit encore plus célèbre ; j'entends le fanal de l'île de Pharos. Les ports étaient ordinairement munis de tours, tant pour les défendre que pour servir la nuit à guider ceux qui naviguent sur la mer, par le moyen des feux qu'on y allumaient. Ces tours étaient d'abord d'une construction fort simple ; mais Ptolémée Philadelphe en fit faire une dans l'île de Pharos, si grande et si magnifique que quelques-uns l'ont mise parmi les merveilles du monde : elle coûta huit cents talents : c'est-à-dire huit cent mille écus.

» L'île de Pharos était éloignée du continent de sept stades (à peu près d'un quart de lieue). Elle avait un promontoire ou une roche contre laquelle les flots de la mer se brisaient. Ce fut sur cette roche que Ptolémée Philadelphe fit bâtir de pierre blanche la tour du Phare, ouvrage d'une magnificence surprenante, à plusieurs étages voûtés, à peu près comme la tour de Babylone. L'architecte y grava cette inscription : *Sostrate, Cnidien, fils de Dixiphane, aux dieux sauveurs, en faveur de ceux qui vont sur la mer.* » Cette tour avait quatre cent cinquante pieds d'élévation, était carrée et pouvait être comparée à la plus haute pyramide. Elle prit plus tard le nom de l'île et fut appelée Phare. L'île fut jointe à la terre par une chaussée que la reine Cléopâtre fit construire.

Tout le monde sait qu'Alexandrie renfermait autrefois une bibliothèque célèbre par le nombre et le prix des livres qu'elle contenait. Ptolémée Soter ayant fait venir, du Pont à Alexandrie, l'image du Dieu Séraphis, la plaça dans un faubourg nommé Racotis, où l'on bâtit dans la suite un temple fameux qui avait une bibliothèque remarquable. Pour faire fleurir les sciences qu'il aimait, Ptolémée fonda à Alexandrie une espèce d'académie, à laquelle il donna le nom de *Muséon*, où une société de savants travaillait à des recherches de philosophie et à perfectionner toutes les autres sciences. La bibliothèque qu'il établit s'augmenta prodigieusement sous ses successeurs. Son fils Philadelphe la laissa, en mourant, déjà composée de cent mille volumes. Les princes de cette race, qui le suivirent, l'augmentèrent encore, de sorte qu'enfin elle contenait au-delà de cent mille volumes. Cette célèbre collection, pillée plus d'une fois, mais se remettant de ses pertes, fut brûlée, l'an 647 après Jésus-Christ, lors de la prise d'Alexandrie par les Sarrasins. Le calife Omar, auquel on en avait demandé la conservation, répondit en barbare que si ces livres contenaient la même doctrine que le Coran, ils n'étaient d'aucun usage, le Coran étant suffisant; que s'ils contenaient des choses contraires, il ne fallait pas les souffrir. — Il ordonna donc de les brûler tous sans autre examen, et ils furent envoyés aux bains publics qu'ils servirent à chauffer pendant six mois au lieu de bois.

Cette ville, qui eut pour évêques tant de saints, a singulièrement déchu de son ancienne splendeur. L'homme qui gouverne dans ce moment l'Égypte, paraît la rendre à la vie. Quelle activité dans ce port, sur ces chantiers, dans ces rues aboutissant au palais du vice-roi! Ce palais, celui de son fils Ibrahim, l'arsenal, les nombreux magasins, sont des édifices d'autant plus remarquables, qu'ils ont été, me dit-on, construits sous la direction d'architectes arabes et d'une manière très-prompte.

Je pris encore mon logement au couvent des religieux franciscains, qui porte le nom de Sainte-Catherine, vierge et martyre, née à Alexandrie même. Ces dignes disciples de saint François ressemblent à leurs frères de la Palestine. Ils jouissent ici d'une grande tolérance et exercent paisiblement leur ministère envers les fidèles catholiques dont le nombre, m'assurent-ils, dépasse dix mille, parmi lesquels il y a beaucoup d'Italiens et de Maltais.

Je repris de nouveau le chemin du port. Le rivage était couvert de nombreux ballots de coton, de café, de sucre et d'autres marchandises prêtes à être expédiées pour l'Europe. Je vis couchés des hommes portant le costume de toutes les parties du monde. On aurait dit que toutes les nations s'y étaient rendues. Ensuite je vis défiler devant moi des chameaux, des dromadaires conduits par des Arabes en guenilles. Après avoir examiné ces environs, je m'ouvris, avec mon guide, un passage à travers la foule, et je pénétrai dans les rues sales et étroites de la ville. Ici un spectacle horrible se présenta à mes regards. Comment reproduire la pénible impression que firent sur moi des gens qui paraissaient être en proie à la misère la plus profonde, dont les figures pâles et les traits allongés annonçaient des souffrances cruelles. Les uns étaient presque nus, d'autres portaient une espèce de sac noué par une corde au milieu du corps. Les femmes n'étaient pas moins dégoûtantes que les hommes et semblaient rivaliser de misère et de malpropreté avec eux. Ces êtres parlaient une langue parfaitement en harmonie avec leur extérieur, et tiraient du gosier des sons rauques et durs.

Presqu'à chaque pas j'aperçus des aveugles, des pauvres, portant la main à la bouche et au cœur et implorant la charité du public. Cette multitude d'aveugles m'attrista singulièrement : on m'apprit plus tard qu'il faut attribuer cette cécité au sable fin et brûlant de l'Egypte, chassé par le vent dans les yeux des malheureux obligés de travailler au grand air.

Plus j'avançai et plus mon étonnement augmenta. Après avoir traversé plusieurs rues infectes, j'aperçus des marchés sales et plus propres à ôter l'appétit qu'à le raviver. On y avait étalé des galettes, des figues, des dattes, des oignons, des pois chiches et autres comestibles de ce genre, que la plus horrible faim pouvait seule se décider à acheter. Des bazars également repoussant s'étendaient ensuite et paraissaient terminer cette série de constructions contrastantes d'une manière si frappante avec les palais somptueux dont j'ai parlé plus haut.

Je visitai ensuite le quartier dit des Francs, dont presque toutes les maisons sont construites dans le goût européen. Au milieu du contraste que présenta cette ville, mon imagination se représenta l'ancienne métropole des Ptolémées, dont les ruines gissent encore çà et là. Je me rappelai cette population qui, sous le règne d'Auguste, dépassait cent mille âmes et qui, de nos jours, se réduit à une vingtaine de mille, et ce môle, nommé Heptastade, parce qu'il avait sept stades de long, et ce cirque, et cet amphithéâtre, en un mot cette Alexandrie telle que Strabon nous l'a dépeinte.

Je ne vis pas sans éprouver une vive émotion, la fameuse colonne à laquelle on a donné sans raison apparente, les noms de la colonne de Pompée et de Septime-Sévère. Elle est érigée au-dehors des murs, sur une petite éminence. Sa base forme un carré; la colonne avec le piédestal et le chapiteau a cent pieds d'élévation; le fût qui est de granit rouge et d'une seule pièce a quatre-vingt-dix pieds de hauteur. La colonne proprement dite est belle; mais le chapiteau, d'ordre corinthien, ne paraît être qu'une ébauche.

Les anciens historiens ne nous ont point fourni de documents précis constatant la date de ce monument; d'après un document trouvé en 1801, par des officiers anglais, cette colonne a dû être élevée par Posidius, préfet d'Egypte, en l'honneur de l'empereur Dioclétien.

A une petite distance de cette colonne, j'ai remarqué plusieurs bosquets de palmiers formant de jolis dômes de verdure. J'allai ensuite visiter les obélisques connus sous le nom d'aiguilles de Cléopâtre, dernier rejeton de la race des Ptolémée, et célèbre par sa beauté et ses vices. Un seul de ces obélisques est debout, l'autre est couché à terre.

L'ancienne porte de Canope est dans leur voisinage. J'ai traversé la grande place qui mène au quartier des Francs ; j'ai remarqué plusieurs belles maisons, ainsi qu'un okel ou caravanserail construit par le vice-roi, qui est occupé par des particuliers qui en payent le loyer. Cette place est entourée de murailles et s'étend d'un côté jusqu'au nouveau port.

C'est dans cette ville, qui a été pendant six cents ans la première place commerçante du monde, que fut faite, environ 285 avant Jésus-Christ, la première traduction de la Bible, connue sous le nom de *Version des Septante*. Le plus ancien auteur qui ait fait l'histoire de cette version, est Aristée, qui se qualifie d'officier des gardes de Ptolémée Philadelphe, roi d'Egypte. Il raconte que ce prince voulant enrichir la bibliothèque qu'il formait à Alexandrie des livres les plus curieux, chargea Démétrius de Phalère, son bibliothécaire, de se procurer la loi des Juifs.

Alexandrie a vu son siége épiscopal fondé par l'évangéliste saint Marc, qui y annonça la foi de Jésus-Christ, et cette église devint, par la suite, la plus célèbre des églises patriarcales de tout l'Orient, et produisit une école illustre dirigée par Panthène, saint Clément, Origène et une foule d'autres savants dont les écrits et les travaux battirent en brèche les erreurs de l'idolâtrie et effacèrent la sagesse païenne.

A l'aspect de la prise de cette ville par Omar, la population de cette importante cité était encore fort considérable, puisqu'elle rencontrait encore quarante mille Juifs payant tribut. On y comptait, dit-on, plus de trois mille palais, un nombre égal de bains et quatre cents places. La domination musulmane lui devint funeste, tout y périt, et la décadence de sa prospérité augmenta au point que, quelques siècles plus tard, on ne connut plus même la position des lieux autrefois si célèbres. Aujourd'hui on ne les reconnaît plus qu'à l'aide des descriptions qu'en ont laissées les anciens auteurs. L'emplacement de la ville moderne n'est plus le même que celui de la cité des Ptolémée, que l'on continue à distinguer par ses ruines.

Les Français la prirent d'assaut en 1798. Elle fut restituée à l'empire turc en 1801, et continua à déchoir jusqu'à ce qu'enfin Méhémet-Ali lui rendit la vie. « Toutefois, dit très-bien le père Géramb, à la vue de la plupart des rues étroites, tortueuses, non pavées et malpropres ; du grand nombre de maisons ou plutôt de masures mal construites, incommodes, et sans fenêtres au-dehors ; des quartiers encore en ruines, uniquement peuplés de pauvres et de mendiants, on sent qu'il s'écoulera bien des années, des siècles peut-être, avant qu'Alexandrie prenne l'aspect régulier de nos places de commerce ou de nos ports. Dans l'état actuel, elle offre les plus étranges et même les plus hideux contrastes : c'est un assemblage confus de palais et de huttes, un mélange de luxe et de misères, d'indolence et d'activité, d'usages tures et de manières européennes qui étonne l'étranger. — Ici vous êtes au milieu du tourbillon, du bruit des affaires et des plaisirs; là, c'est la solitude et le silence du désert. Un homme richement vêtu, couvert de châles de grands prix, marche à côté d'un homme nu; une voiture anglaise, attelée de quatre chevaux magnifiques, suivie de domestiques en habits dorés, traverse une foule de chameaux conduits par de sales Arabes; des dames européennes, parfumées, dans le costume le plus élégant, se trouvent à côté de femmes hideuses, allant nu-pieds, sans autre vêtement qu'une chemise de toile bleue qui tombe em lambeaux, sans autre voile qu'un linge malpropre qu'elles tiennent constamment appliqué sur le nez et sur la bouche, et qui ne laisse voir que des yeux presque éteints, sur lesquels sont empreints la tristesse et la misère; des Européens, assis à un banquet, chantent la liberté au moment où, sous leurs fenêtres, passent des gens que l'on mène à coups de bâton, et des enfants de douze ans que l'on traîne, la chaîne au cou, pour en faire, malgré eux, des soldats et des matelots; des ouvriers intelligents, sous la direction d'un architecte habile, travaillent à la construction de monuments qui attestent et honorent les progrès de nos arts, tandis que d'autres fouillent les entrailles du sol, brisent des chapiteaux, des tronçons de colonnes, des statues qu'a respectées le temps, pour fournir aux édifices nouveaux quelques moellons. »

Au coin de chaque rue on trouve des ânes enharnachés, en général plus fort que ceux de notre Europe, et que de jeunes Arabes louent aux étrangers. Leur allure est douce et rapide; les enfants qui les présentent suivent à la course les voyageurs pendant plusieurs heures, sans se fatiguer, quoiqu'ils soient souvent exposés à l'ardeur du soleil brûlant.

Une foule de familles arabes habitent les ruines de l'ancienne ville; on les en voit sortir quelquefois comme des spectres livides; les femmes se tiennent assises à l'entrée de ces demeures souterraines, et font cuire leur lait, ou des lentilles, ou des galettes, la nourriture ordinaire des ces malheureux.

Les forts, construits en grande partie par les Français pendant la campagne d'Egypte, et le canal servant de communication entre Alexandrie et le Nil, et qui porte le nom de Mahmoudié, attirèrent aussi mon attention. L'eau du canal est rougeâtre et d'un aspect triste. Je n'ai pas trouvé le moment d'entrer dans les catacombes; mais on m'a dit qu'elles méritaient d'être vues, et qu'on y remarquait encore des salles, des corridors et des galeries très-bien conservés. Le bassin taillé dans le roc, près du rivage de la mer, et qu'on surnomme *Bains de Cléopâtre*, m'attira aussi; plusieurs personnes ont l'habitude de s'y baigner.

Les environs d'Alexandrie, sont en général, tristes, à l'exception d'un beau village et de jolies habitations que j'ai remarqués au-delà du quartier des Francs, sur une éminence. On n'aperçoit nulle part cette belle verdure qu'on admire aux environs des grandes villes de notre Europe : çà et là on voit quelques palmiers dont on paie assez cher l'ombrage, étant obligé de traverser des terres arides, brûlantes, sablonneuses, pour y arriver. Oh! qu'on regrette de ne pas trouver en Egypte ces belles allées de platanes, de tilleuls, de peupliers, si fraîches, si agréables et servant d'embellissement et de promenade à nos cités ! Mais là, rien de tout cela, et, dès qu'il est tombé un peu de pluie, rien n'est plus qu'une mare de boue, que le soleil dessèche pour la changer en un nuage de poussière, soulevée par le vent, et qui devient la perte des yeux.

Comme la côte est basse et pleine de rescifs vers les ports, les naufrages y sont fréquents, et l'on ne s'entretenait, pendant mon séjour à Alexandrie, que de la perte d'un navire napolitain, qui, quelques jours auparavant, s'était brisé contre un banc de sable, caché sous les eaux.

Le palais du pacha se trouve dans la presqu'île de Pharos ; les chancelleries d'état, les casernes, l'auberge royale, bel et vaste hôtel destiné à loger les Arabes et les Turcs d'un rang ou d'une naissance illustre, que les affaires ou même la politesse appellent à Alexandrie, sont situées dans le voisinage. J'aurais bien voulu y pénétrer et même saluer cette vice-royauté dont on parle dans tout l'univers, mais, voyageur obscur, quels motifs aurais-je pu alléguer pour aspirer à un tel bonheur? On dit, il est vrai, que Méhémet est affable, qu'on l'aborde facilement, qu'il aime les Européens, et témoigne du plaisir à s'entretenir avec eux; mais je ne pus prendre sur moi de solliciter une telle faveur ; d'ailleurs mes moments étaient courts : le mois de novembre s'annonçait, et je désirais vivement être de retour en Europe avant les froids de l'hiver, surtout ayant le projet, si cela était possible, de m'arrêter quelques jours à Malte, cette île si célèbre. La Providence vint à mon secours. Ici je fus plus heureux qu'à Jaffa et Ptolémaïde, et je ne pus m'embarquer, après quelques jours d'attente, pour un brick qui faisait voile pour l'Italie.

Adieu donc, terre d'Egypte; adieu, terre illustre ! Puisses-tu, éclairée par la lumière de l'Evangile, retrouver ton ancienne splendeur et te rallier à cette Europe que tu éclairas autrefois, et qui est prête à payer les bienfaits qu'elle reçut autrefois de toi !

CHAPITRE XX.

MALTE.

La traversée d'Alexandrie à Malte a été très-pénible; nous eûmes presque continuellement un vent contraire, et plusieurs fois nous fûmes exposés à la mort. Entrer dans des détails sur cette navigation périlleuse serait chose inutile et qui n'intéresserait personne; il me suffira donc de dire que nous jetâmes enfin l'ancre dans le port de Malte après vingt-neuf jours de cruelles angoisses. Comme le capitaine ne voulait point s'arrêter, il se borna à débarquer les passagers et reprit aussitôt le large. Nous étions au nombre de trente-deux qui descendîmes à Malte, et, d'après les règlements nous fûmes tous obligés de subir une quarantaine de vingt et un jours.

Nous entrâmes le même jour au lazareth, qui est un très-belle édifice, qui a autrefois appartenu à l'ordre des chevaliers de Saint-Jean, les nobles possesseurs de cette île. Pour charmer les loisirs de cette longue et ennuyeuse prison, je fis quelques recherches sur ce petit pays qui faisait autrefois partie du territoire des Carthaginois, puis des Romains. Ceux-ci en avaient fait une espèce de station entre l'Italie et l'Orient. Son nom *Melite* ou *Melita* lui a été donné a cause de l'excellent miel qu'elle produisait. Ici encore on voit ce que peut le génie de l'homme, car ce coin de terre n'était d'abord qu'un rocher stérile à peine habité par quelques pêcheurs, tandis que de nos jours il offre l'image d'une culture très-florissante. Située au midi de la Sicile, cette île a sept lieues de long sur quatre de large, sa population est un mélange de descendants de la Grèce et de l'Italie; on prétend qu'elle dépasse quarante mille âmes. La langue dominante qu'on y parle est l'italien. Ce pays rapporte peu de blé; mais des oranges renommées, du raisin délicieux, du coton, du millet, etc. Le bois y est rare : on y brûle du charbon ; le peuple, de la fiante d'animaux. Le gibier y est excellent. Il ne s'y trouve point de bêtes venimeuses ; ce que le peuple attribue au séjour que fit l'apôtre saint Paul, qui y aborda, jeté sur ces côtes par un naufrage. Les Actes des Apôtres disent :

« Nous étant sauvés, nous reconnûmes que l'île s'appelait Malte; et les barbares nous traitèrent avec beaucoup d'humanité, car, après avoir allumé un grand feu, à cause de la pluie et du froid qu'il faisait, ils nous donnèrent à tous les secours dont nous avions besoin.

» Alors Paul, ayant ramassé quelques sarments;

et les ayant mis au feu, une vipère, que la chaleur en fit sortir, le prit à la main.

» Quand les barbares virent cette bête qui pendait à sa main, ils s'entredisaient : Cet homme est sans doute quelque meurtrier, puisqu'après avoir été sauvé de la mer, la vengeance divine ne veut pas le laisser vivre.

» Mais Paul, ayant secoué la vipère dans le feu, n'en reçut aucun mal.

» Les barbares s'attendaient qu'il enflerait, et qu'il tomberait mort tout d'un coup; mais, après avoir attendu long-temps, lorsqu'ils virent qu'il ne lui arrivait aucun mal, ils changèrent de sentiments et dirent que c'était un dieu.

» Il y avait en cet endroit là des terres qui appartenaient à un nommé Publius, le premier de cette île, lequel nous reçut fort humainement et exerça envers nous l'hospitalité durant trois jours.

» Or il se rencontra que son père était malade d'une fièvre et d'une dyssanterie : Paul alla le voir, et, s'étant mis en prière, il lui imposa les mains et le guérit.

» Après ce miracle, tous ceux de l'île qui étaient malades vinrent à lui et furent guéris.

» Ils nous rendirent aussi de grands honneurs et nous pourvurent de tout ce qui était nécessaire à notre voyage.

Ce Publius dut, selon la tradition de l'île, avoir été fait premier évêque de Malte, et sa maison convertie en église; mais, malgré mes recherches, je n'ai rien trouvé dans les historiens ecclésiastiques qui attestât ce fait. La même incertitude règne sur l'endroit de l'île où débarqua le grand apôtre : les uns prétendent que ce fut sur une langue de terre, à l'emplacement connu sous le nom de calle de Saint-Paul ; d'autres le placent à l'Orient.

Charles-Quint donna, en 1530, cette île aux chevaliers de Saint-Jean-de-Jérusalem, qui en firent un des boulevards de la chrétienté, qu'ils défendirent contre les efforts des Musulmans, et l'histoire n'oubliera jamais ce siége mémorable qu'une poignée de braves, commandés par La Valette, soutint, en 1565, pendant quatre mois, contre les forces imposantes de Soliman II, empereur des Turcs.

Je sortis enfin de ma captivité. Ces vingt et un jours de quarantaine m'avaient paru un siècle. Je commençai aussitôt mes excursions. Mon admiration augmenta à chaque pas à l'aspect des redoutables fortifications qui rendent cette île imprenable, de ces belles églises, de ces institutions dues à la charité des fidèles, ou plutôt à la générosité et au zèle des chevaliers. J'aperçus de vastes et beaux édifices, de nombreux magasins, plusieurs établissements servant à la marine et attestant la haute intelligence de ses anciens maîtres.

Tout le monde sait comment cette île fut arrachée par Bonaparte aux chevaliers, en 1798, et comment, deux ans après, elle fut prise par les

Anglais, qui la possèdent encore; malgré la convention du traité d'Amiens, qui l'avait restituée à l'ordre.

La ville de Malte, qui en est la capitale, est divisée en trois parties : la Cité-Valette, ainsi appelée du nom du grand-maître, La Valette, qui la fit bâtir; le Bourg, la plus ancienne des trois parties, l'île de Saint-Michel, au midi. Les ports qui entourent la Cité-Valette peuvent contenir un grand nombre de vaisseaux.

Le palais qu'habite le gouverneur anglais est celui qu'habitaient autrefois les grands-maîtres, mais les ornements qui le décoraient en ont été enlevés. Je fis la connaissance de plusieurs ecclésiastiques, qui eurent l'obligeance de m'accompagner dans mes promenades. Ils m'apprirent que, malgré la diversité des croyances, les Anglais se montraient très-tolérants envers les Maltais, peuple pieux et sincèrement attaché à la foi catholique. Les prêtres y sont entourés de respect, les cérémonies de notre religion s'y font avec la même pompe qu'on remarque dans les pays catholiques, l'évêque surtout y jouit de toute la considération due au caractère dont il est revêtu. Je visitai, non sans une secrète émotion, la belle basilique de Saint-Jean, autrefois patron de l'ordre. Presque partout j'ai trouvé des statues de l'apôtre saint Paul, que la piété des fidèles lui éleva pour perpétuer le court séjour qu'il fit dans cette île. L'hôpital est un beau bâtiment; l'aqueduc rappelle la grandeur des Romains ; les quais larges offrent un coup-d'œil charmant ; enfin, tout dans ce petit pays dépose en faveur des vaillants chevaliers, qui, prenant, au sixième siècle, sous le grand-maître *Lille-Adam*, possession de ce rocher sauvage, trouvèrent à peine où se loger, et qui laissèrent après eux des monuments impérissables de leur gloire. A défaut d'autres titres, on n'aurait qu'à parcourir les chapelles où se trouvent les tombeaux des grands maîtres, et ce langage de la mort est assez énergique pour faire regretter des hommes si utiles à la religion et à l'humanité.

Me voilà à Malte depuis un mois ; je soupire après le moment de m'embarquer pour la France, mais rien ne m'annonce que je partirai bientôt ; et cependant l'hiver est arrivé, pas à Malte, il est vrai, où la saison est toujours belle, mais pour les pays qu'il me faudra parcourir avant d'arriver dans mon petit logement. La bourse devient chaque jour plus légère, ce métal qu'on a tant de peine à se procurer s'envole, quoiqu'il pèse beaucoup ; et puis la Méditerranée, si folle, si capricieuse pendant quelques mois de l'année, est là comme un brigand qui vous attend pour vous saisir au passage. Quelquefois je me désole de ne pouvoir me rendre dans ma patrie ; mon imagination me transporte dans mon cabinet de travail, me place devant mon pupitre, au milieu de ma bibliothèque. Je veux écrire, je me lève pour consulter ces amis morts ou vivants qui sont là rangés sur ces rayons, je les vois, je veux……, mais je me trouve à la cité Valette, mon rêve s'évanouit, je suis toujours à Malte. Quelle vie quand on ne vit pas ! Car je n'appelle pas vie cette existence déplacée, vide de sens, s'écoulant goutte à goutte comme le mince filet qui s'échappe d'une fontaine dont la source est presque tarie. Aussi ai-je pris la résolution de ne plus voyager, surtout dans des pays où l'on est subordonné à tant de charmes. Je passe de ma chambre à Jérusalem, au Jourdain, à Constantinople; un instant après je me surprends à Alexandrie, je me retrace le Caire, les pyramydes, que je n'ai pas eu le temps d'aller visiter. Je me reproche maintenant d'avoir quitté l'Egypte sans voir le Nil, et si j'avais prévu qu'il me faudrait dépenser mon temps à attendre ici, où je n'ai plus rien à voir, j'aurais préféré le consacrer à l'Egypte. — On vient de m'apporter quelques journaux français; mais ils ont un mois de date, et cependant je les dévore; les récits qu'ils contiennent, oubliés par d'autres, sont des nouvelles pour moi ; j'en avais lu quelques-uns à Alexandrie, et j'apprends que la France est toujours la même, toujours exploitée par une centaine d'individus rêvant tous le bonheur de ce beau pays, le voulant les uns d'une façon, les autres d'une autre; toujours mécontents et ne pouvant s'entendre, voulant gouverner tous à la fois, critiquant tout et n'indiquant cependant de remèdes assez efficaces pour guérir ce qu'ils appellent la *situation du moment*. Et cependant j'aime la France, je l'aime du fond de mes entrailles; et qui pourrait ne pas aimer ce pays? C'est surtout quand on en est éloigné qu'on apprend à l'apprécier.

Je continue à être triste, mes rêves se prolongent, et... on frappe à ma porte...

— Bonne nouvelle, s'écrie l'excellent chanoine qui m'a témoigné tant d'amitié, bonne nouvelle! On signale un bâtiment qui vient du Levant. Prenez courage, vous allez, j'espère être bientôt délivré.

Je me lève comme sortant d'un profond sommeil.

— Est-ce pour me plaisanter que vous me dites cette nouvelle? demandai-je vivement.

— Non, non, répondit le chanoine, c'est tout sérieux; allons au port.

Et nous partîmes.

J'aperçus en effet un bâtiment cinglant à pleines voiles vers le port. On reconnut bientôt à son pavillon que c'était un vaisseau sarde. Mon cœur palpitait de joie et de plaisir. — Deux heures après une chaloupe me transporta sur ce bâtiment, qui, profitant du vent favorable, partit dans la soirée même pour Gênes.

Je repris donc enfin le chemin de la France. Le vaisseau était parfaitement bien conditionné et appartenait à une des premières maisons de Gênes. Il s'y trouvait une foule de passagers français, italiens, même quelques Espagnols et deux Suisses. J'eus bientôt fait la connaissance de mes compatriotes. Nous longeâmes l'île de Gozo, située au nord-ouest de Malte, et qui avait aussi appartenu aux chevaliers : elle n'a que quatre lieues de long sur deux de large et dix de circonférence ; mais elle est bordée d'écueils : on dit que l'air y est sain et le terrain fertile.

A l'aube du jour, nous reconnûmes à notre droite les côtes de la Sicile, et nous continuâmes notre route vers l'île de Sardaigne, que nous laissâmes à notre gauche, ainsi que la Corse.

CHAPITRE XXI.

GÊNES.

Je ne parlerai point de mille petites contrariétés qu'on éprouve dans une traversée, de l'inconstance du temps pendant la saison d'hiver sur la Méditerranée, j'ai hâte de dire que la navigation fut plus heureuse que je n'avais espéré dans le principe, et que nous arrivâmes tous sans autre encombre à Gênes.

Cette ville, l'ancienne capitale du duché du même nom, faisait autrefois partie de la Ligurie et formait un état puissant. Elle était, au moyenâge, une des grandes cités maritimes de l'Europe, et partageait en quelque sorte l'empire des mers avec Venise, sa rivale. Après diverses révolutions, elle se donna plusieurs fois à la France; mais elle en secoua le joug en 1527, par le concours de Charles-Quint. André Doria, qui avait surtout contribué à rendre la liberté à sa patrie, dressa de nouveaux statuts concernant le gouvernement. — Il n'entre pas dans mon sujet de parler plus au long des démêlés de cette ville avec la France; il suffit de faire observer que Gênes a joué pendant long-temps un rôle important dans l'histoire, jusqu'à ce qu'enfin elle subit le même sort que Venise.

Cette ville est bâtie en amphithéâtre sur le bord de la mer. On la nomme Gênes la Superbe. Sa position est délicieuse et n'est éclipsée que par celle de Naples avec laquelle elle m'a paru présenter plus d'un point de comparaison. On est frappé en entrant dans cette rue neuve, la plus belle des rues du monde entier, où l'on voit briller de superbes palais, parmi lesquels se distinguent surtout celui de Durazzo, celui de Brignole et d'André Doria où les façades, les portiques, les richesses, le stuc blanc, noir, gris, vert, jaune, étalent comme à l'envi leur magnificence. Ma surprise augmenta à l'aspect du palais ducal, aujourd'hui siège du gouvernement, et autrefois occupé par les doges : édifice grandiose et vaste, dont l'intérieur est somptueusement décoré et atteste la grandeur de cette ancienne république. La façade de ce bâtiment d'une architecture si élégante, est décorée de colonnes et de statues, l'intérieur ressemble à une vaste galerie où sont placées de distance en distance les statues des hommes qui ont rendu des services à leur patrie et dont l'aspect réveille des sentiments si divers.

Le lendemain de mon arrivée, je suis allé visiter l'un des trois hôpitaux de cette ville, celui qu'on appelle l'*Albergo di Poveri*, l'hôtel des pauvres. C'est plutôt un palais qu'un lieu destiné à soulager l'humanité souffrante. Sa belle avenue, sa façade, son élévation, sa masse, étonnent au plus haut point. Les pauvres y sont parfaitement bien soignés ; on y voit étalées, avec une espèce de profusion, les statues de tous les bienfaiteurs de l'établissement. Cet hôpital avait autrefois des revenus immenses, ceux dont il dispose de nos jours sont encore considérables.

L'hôpital des incurables est un édifice somptueux. Il peut contenir neuf cents malheureux, au nombre desquels il faut aussi compter les aliénés. J'ai encore remarqué un troisième hôpital aussi grand que ce dernier, et où sont soignés plus de douze cents malades. C'est encore un bâtiment somptueux dans les vastes allées duquel on voit les statues des fondateurs et des bienfaiteurs de cette maison. On se réconcilie en quelque sorte avec l'humanité à la vue des nobles asiles élevés au soulagement des infortunés qui vont y chercher le repos ou la guérison.

Je suis ensuite allé visiter les églises, qui m'ont paru surchargées de dorures, de statues, de tableaux. Parmi ces décorations il en est qui sont des chefs-d'œuvre, entre autres la statue de saint Sébastien dans la belle église de Carignan, et qui est l'ouvrage de Puget. Il est impossible de voir une figure qui exprime mieux l'ardeur de la foi et le sentiment de la douleur. Ce marbre paraît animé, et on dirait, en contemplant cette admirable statue, voir les pulsations du cœur de cet athlète de la religion : on souffre, on soupire avec lui.

« L'église métropolitaine, dédiée à saint Laurent, est un bel édifice gothique d'une belle structure; celle de Saint-Cyr est renommée par la beauté et la richesse de ses ornements; celle de Saint-Ambroise se distingue par le goût qui a présidé à sa construction; celle de l'Annonciation par son élégance, son étendue et ses riches décorations.

Les plus belles places de Gênes sont celles de l'*Acqua Verde*, de l'*Annunziata*, de *Sarzano* et de Charles-Félix. L'arsenal avec ses vastes chantiers, où se font les constructions pour la marine royale, a de même attiré ma curiosité, ainsi que l'université, l'institut des sourds-muets, l'école de navigation, l'académie des beaux arts, où l'on enseigne l'architecture, la sculpture et la peinture. Gênes possède quatre bibliothèques, parmi lesquelles celle de l'université est la plus considérable; elle contient de précieux manuscrits. Le port de Gênes offre un mouvement prodigieux, et l'on regarde de nos jours cette ville comme une des premières places de l'Europe. Sa population dépasse quatre-vingt mille âmes.

J'ai à peine eu le temps de donner quelques jours à Gênes, et déjà il me faut quitter cette ville charmante sur laquelle il y aurait tant de choses à dire encore. Mais je n'oublierai pas une chose qui m'a paru fort singulière, c'est qu'autrefois il n'y avait dans cette cité puissante qu'une boulangerie, qu'une auberge publique, administrées par l'autorité du sénat. Cette république ne souffrait pas que d'autres qu'elle vendissent le pain, le vin, l'huile, le bois; et ces objets étaient vendus à des prix fort élevés, ce qui vexait horriblement les sujets. Par bonheur, ces temps-là ne sont plus.

Il n'est pas difficile de trouver à Gênes des vaisseaux se rendant à Marseille; je pris donc place sur un navire qui partit quatre jours après mon arrivée, et je quittai la belle Italie pour retourner dans ma patrie après sept mois et demi d'absence. Nous suivîmes la côte, c'est-à-dire ces monts qui s'avancent dans la mer, et ces rocs qui bordent le rivage, hérissé si tristement par ces écueils.

Je vis la principauté de Monaco que nous ne pûmes pas visiter. On m'a dit que je ne perdais pas grand'chose, ce pays étant pauvre et offrant peu d'intérêt aux voyageurs.

Nous nous arrêtâmes ensuite à Nicée, ville bâtie sur un amphithéâtre de rochers qui s'avancent aussi un peu dans la mer. Elle est entourée de collines qui descendent insensiblement et qui sont couvertes de *bastides*, ou de charmantes maisons de campagne, entre-mêlées de jardins et de bosquets. Le coup-d'œil qu'offrent ces citronniers, ces limonadiers, ces orangers, ces mûriers, ces mille autres arbres de toutes les espèces, doit être ravissant pendant la saison du printemps. Ces maisons de campagne sont peuplées d'Anglais, de Français, de quelques Hollandais et Allemands, qui, fuyant l'hiver des contrées du nord, vont y chercher un abri contre les frimats de leurs provinces natales. L'hiver y est fort doux et n'y règne que deux mois.

Nicée est la résidence d'un évêque, d'un tribunal d'appel; elle possède des bains publics, un port bien situé et favorable au commerce. J'ai remarqué quelques édifices assez beaux; mais qui ne sont pas à comparer aux magnifiques bâtiments que j'ai vus dans d'autres villes d'Italie.

Enfin je touche au terme de mon voyage. Encore quelques heures et je verrai les rivages de cette belle France, ma chère patrie. Le vaisseau n'avance pas assez vite au gré de mes désirs. La France se montre enfin à mes regards avides. Mais l'on ne peut s'arrêter ni à Antibes, ni à Fréjus, ni à Saint-Tropez, ni à Toulon. Nous entrâmes enfin dans le port de Marseille. Ici s'arrête mon pèlerinage, la description des monuments de cette industrieuse et grande cité ne regarde plus mon voyage en Orient.

FIN.

LIMOGES. — IMPRIMERIE DE BARBOU FRÈRES.

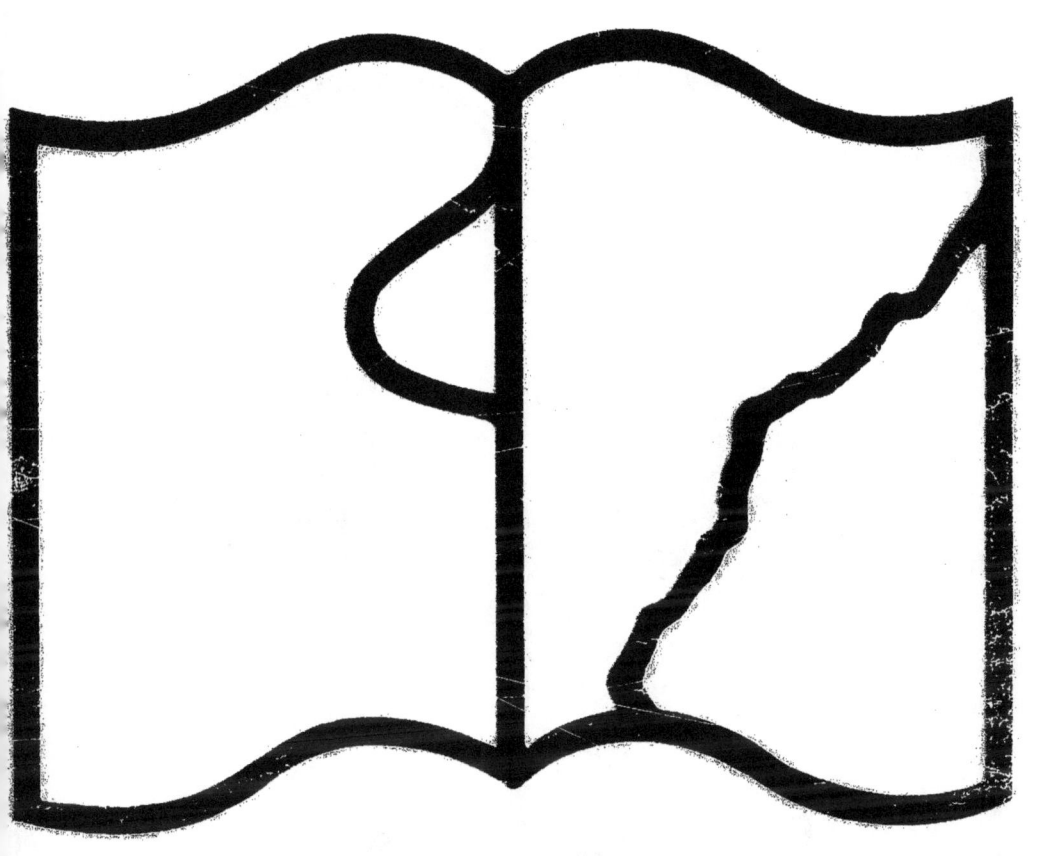

Texte détérioré — reliure défectueuse

NF Z 43-120-11

Contraste insuffisant

NF Z 43-120-14

www.ingramcontent.com/pod-product-compliance
Lightning Source LLC
Chambersburg PA
CBHW070531170426
43200CB00011B/2392